O Ritual do Vinho

C827r Côrte Real, Mauro
O Ritual do Vinho – Etiqueta & Serviço / Mauro Côrte Real. 7.ed. – Porto Alegre : AGE, 2006
144p., 16x23cm.

1. Vinho – Etiqueta – Serviço. I. Título.

CDU 633.2:395

Catalogação na publicação: Mônica Ballejo Canto CRB 10/1023

ISBN 85-85627-46-8

Mauro Côrte Real

O Ritual do Vinho

Etiqueta & Serviço

7ª edição

AGE EDITORA

Porto Alegre 2006

Capa:
MARCO CENA

Diagramação:
LAURI HERMÓGENES CARDOSO

Supervisão editorial:
PAULO FLÁVIO LEDUR

Editoração eletrônica:
AGE – ASSESSORIA GRÁFICA E EDITORIAL LTDA.

A maior parte das ilustrações são de Nélson Pinto e Miran, originais e da *Revista do Vinho.* As fotos são de Orlando Czamanski e do International Wine Accessories da IWA.

EDITORA AGE LTDA.

editoraage@editoraage.com.br

Rua São Manoel, 1787 – Bairro Rio Branco
90620-110 – Porto Alegre, RS, Brasil
Fone/Fax: (51) 3061-9385 – (51) 3223-9385

vendas@editoraage.com.br
www.editoraage.com.br

Impresso no Brasil / Printed in Brazil

Aos meus colegas e confrades das Confrarias, que cultivam a arte dos rituais do vinho:

- Commanderie du Bontemps de Médoc et des Graves
- Association Internationale de Maîtres Conseils en Gastronomie Française
- Associação Brasileira dos Amigos do Vinho.

Aos idealistas que comigo criaram e fizeram, durante cinco anos, a *Revista do Vinho*, da UVIBRA (1987 a 1992).

PREFÁCIO

O livro é transparente, pois nele Mauro Côrte Real aparece por inteiro, desfila a sua formação intelectual de professor universitário e a sua paixão pelo vinho. Essas duas facetas se confundem em todo o texto. Evidentemente, não se trata de um guia para consultas imediatas. Ele pode ser lido do começo ao fim como um romance no qual o personagem principal é a civilização do vinho e depois consultado periodicamente para esclarecer muitos aspectos realmente importantes.

O professor universitário, o pesquisador, aparece mais claramente nos primeiros capítulos, recheados de citações preciosas que ajudam a refletir a História do Vinho e a sua influência na civilização e nos ritos dos povos. Um belo trabalho de pesquisa.

O amante do vinho, aquele que não consegue (e nem quer) conter seu entusiasmo pelo assunto, fica mais evidente nos conselhos sensatos sobre como melhor aproveitar o vinho. Dicas úteis sobre como combinar pratos com vinhos, como servir corretamente para destacar suas qualidades (taças apropriadas, temperatura e outros detalhes que podem ser realmente importantes). Mesmo aí, o erudito consegue aflorar.

Apesar da profundidade das pesquisas feitas por Mauro Côrte Real, ninguém deve ficar assustado com o livro, pensar que é preciso decorar todas as regras e seguir rituais complicados para ter prazer com uma garrafa de vinho. O vinho é complexo demais para ser contido dentro de regras estritas. Ele costuma dar constantes lições de humildade aos que pensam que sabem tudo.

Como todos os verdadeiros amantes do vinho, Mauro Côrte Real aprendeu essa lição, tem sempre em conta essas limitações naturais e evita ser dogmático. A última palavra é sempre do leitor. Este é um dos aspectos mais simpáticos da obra. Afinal, gosto é pessoal e ninguém tem o direito de impor nada a ninguém. Mas o conhecimento de certas peculiaridades do vinho e de seu serviço pode ajudar cada um a desenvolver o seu gosto pessoal com mais propriedade.

E é para isso que existem os bons livros sobre o assunto, como este de Mauro Côrte Real.

SAUL GALVÃO

SUMÁRIO

INTRODUÇÃO

Dois dos mais confusos e controvertidos aspectos que abrangem e informam a cultura do vinho são os que dizem respeito à sua etiqueta e ao seu serviço. Nestes campos, encontram-se *experts* das duas áreas, muitas vezes alcançando claro conflito, não de objetivos, mas de caminhos.

A etiqueta – enfocada na arte e tradição do bem receber e do bem servir aos convivas. O serviço – na arte hedônica, na técnica e na tradição em que se apóia a cultura do vinho.

Em verdade, o conflito é apenas aparente, fruto da especialização de uns e outros. Este livro pretende, ainda que de forma limitada, ajudar a se entenderem, enófilos e ritualistas.

O vinho, em sua invulgar característica de ser uma bebida mística, afeita a rituais milenares, constitui-se numa contingência em que, de forma singular, se podem pôr de acordo estes senhores.

Participar deste encontro é a idéia fundamental do presente livro. "Nada neste mundo é tão poderoso como uma idéia cuja oportunidade chegou" (Vitor Hugo). Espero que os leitores, de ambos os campos do saber, me concedam esta ocasião.

Em torno à mesa, todos se unem para confraternizar e honrar a dignidade de uma boa ceia, com a magia do mosto fermentado a exalar buquês de inefável prazer e tendo as boas maneiras, a cortesia e a elegância como fulcro da convivência feliz.

Já bem o disse Brillat-Savarin: "O prazer da mesa pode nos preparar para outros prazeres, e pode servir também para nos consolar ou compensar pela sua perda". Sentemo-nos à mesa do saber, com uma boa garrafa de brilhante vinho, para tratar da essência do bom viver.

"A felicidade não é uma estação à qual você chega, mas uma maneira de viajar" (Zig Ziglar). Nem a etiqueta, nem o serviço do vinho têm o direito de se configurarem como complicadores na felicidade daqueles a quem foi concedida a graça de serem apreciadores do vinho.

Devem, isto sim, sinérgica e solidariamente, reforçar e facilitar o simbolismo das ações, pois os rituais trazem conforto, familiaridade e segurança a quem os exercita. Assim foi desde os primórdios da civilização.

Escrever um livro que integra, sob o manto do ritual, a etiqueta e o serviço do vinho pode parecer tarefa por demais hercúlea para ser assumida por um simples mortal, transitando, impertinente, por entre divindades como Osíris e Baco até o humilde vinhateiro Noé.

Entretanto, "quem não ousa, não faz. Fogueiras não podem ser acesas com carvões apagados" (James Baldwin). Pois ousei. Em minha vida tive atividades que me credenciaram a esta forma de ousadia. Pesquisador, homem de *marketing,* hoteleiro, agente de viagens, professor universitário, comunicador, escritor, biólogo e, o mais importante de tudo, um persistente e inveterado amante do bom vinho e da gastronomia. Quiçá um *gourmet.*

Devo ser fiel à verdade, esclarecendo que o título deste livro, e a abordagem ritualista, se deve a uma ida a Belo Horizonte, para ministrar um Curso de Extensão Cultural na Universidade Federal de Minas Gerais, em conjunto com a Sociedade Brasileira dos Amigos do Vinho de lá, presidida pelo amigo Carlos Henrique Decat.

Na ocasião, fiz também palestras no SENAC, onde o título *O Ritual do Vinho* me foi brindado pela diretora da entidade, Maria Iris Teixeira de Freitas.

Que os leitores sintam, na sua leitura, a alegria do reencontro. E que o objetivo de contribuir para uma maior compreensão das coisas do vinho, e do comportamento social, seja, ao menos em parte, alcançado.

"O nosso ideal devemos colocá-lo nas estrelas, ainda que fiquemos no meio do caminho" (Leon Tolstoi).

O autor

I
DO VINHO AO RITUAL

SOBRE A HISTÓRIA

"Se queremos progredir não devemos repetir a história, mas fazer uma história nova."

Gandhi

A história do vinho não tem um começo definido. Muito antiga, a videira surgiu antes mesmo do homem. E o aproveitamento de seu fruto – a uva – para fazer o vinho não tem data certa. Dado que sementes de uva foram encontradas em cavernas dos homens pré-históricos, é lícito presumir que o vinho é mesmo mais antigo do que a história.

"O vinho tem as origens perdidas nas brumas da pré-história e, conseqüentemente, envoltas em lendas, fábulas e mistérios" (Schroeder).

Dádiva da natureza, o vinho deve ter surgido ao acaso, em muitos pontos diferentes da Terra, já que a fermentação se realiza espontaneamente, em uvas acidentalmente esmagadas, promovida pelas leveduras que habitam as suas cascas.

E o homem pré-histórico, atraído, quem sabe pelo rico aroma que aquele líquido fermentado desprendia, provou e gostou. E ficou feliz. E começou então a elaboração intencional do vinho, uma criação da natureza que o homem apenas aproveitou.

Citam os autores painéis mostrando uma cena de libação em Ur, na Mesopotâmia, datada da primeira metade do terceiro milênio antes de Cristo. Como vinhedos plantados nos funerais egípcios por volta de 3000 A.C. e lendas segundo as quais nesse mesmo período bebia-se vinho na China (Amarante).

Os fenícios levaram o vinho até a Grécia e outras partes da Europa. A civilização helênica o acolheu e incorporou a sua vida diária, à religião e à mitologia. E até um deus lhe foi atribuído, o trêfego Dionísio, que os romanos mais tarde denominaram Baco.

Filho de Júpiter e Sêmele, Dionísio foi educado pelas ninfas. Adulto, ensinou os homens a cultivar a vinha e a fazer o vinho. Era considerado o protetor das belas-artes e do teatro. Festas eram realizadas em sua honra e tinham caráter orgíaco, levado ao máximo depois nas bacanais romanas. Teriam originado a tragédia e a comédia.

Não admira, pois, que o vinho e Dionísio apareçam com freqüência na literatura helênica. Homero os relaciona regularmente na *Ilíada* e na *Odisséia.*

A importância do vinho cresceu ainda mais em Roma. A vinha foi cultivada em toda a Península Ibérica e difundida na Europa. O Império Romano foi regado a vinho. O declínio de Roma é seguido do aparecimento e da propagação do Cristianismo. E o vinho continuou sendo parte da liturgia eclesiástica.

"É bem conhecido o episódio das bodas de Caná, no qual Cristo transforma a água em vinho. O vinho tornou-se símbolo do sangue de Cristo na liturgia da missa católica. As escrituras dão-lhe forte conotação religiosa" (Schroeder).

"Osíris no Egito, Saturno entre os latinos, Noé junto aos hebreus e Baco na Grécia e na Índia foram os principais apóstolos do vinho na antigüidade" (Marcelino de Carvalho).

E a palavra *vinho,* como surgiu? Whitaker Penteado apresenta duas teorias sobre a etimologia dessa palavra. A primeira deriva do latim *vinus,* que vem do grego *òinos,* o qual, por sua vez vem de *voino,* vocábulo de antiqüíssimo e impreciso idioma falado na região do Mar Negro. Supõe-se que de *voino* provenham o assírio e o árabe *vain* e o albanês *vene.*

Provavelmente foram os romanos os primeiros a divulgarem esse nome por toda a Europa e, daí, *vin* nas línguas escandinavas, *vinò* em russo, *wino* em polonês, *Wein* em alemão, *wismo* em finlandês e, na Península Ibérica, *vino* na Espanha e *vinho* em Portugal. A mesma origem teriam o *vin* em francês e o *wine* em inglês.

A segunda teoria diz que os antepassados dos antigos romanos, vindos de um país do Oriente Médio, falavam uma língua que constituiria, mais tarde, a ossatura do latim.

Na escritura semítica o ideograma correspondente à letra V significa base, e o ideograma N, serpente. Como a serpente sempre simbolizou o pensamento humano, tortuoso, imprevisível na sua flexibilidade, supõe-se que a palavra *vinum,* VN nas suas origens, queria dizer a base do pensamento. Em suma, o vinho era a bebida que ajudava a pensar e, conseqüentemente, através do vinho, o homem se humanizava, revelando toda a riqueza da sua vida mental.

Como mais tarde diria Pasteur, existia mais filosofia em uma garrafa de vinho do que em todos os livros da sua biblioteca.

O VINHO NOS ANTIGOS ESCRITOS

Paulo Bessa, enófilo declarado, leu a Bíblia de ponta a ponta e encontrou nada menos de 127 citações sobre o vinho, entre o Velho e o Novo Testamento. Entre as citações por ele encontradas, destacamos as seguintes:

"...e tendo bebido o vinho, embebedou-se" (Gênesis, 9,12). Referência a Noé, o cultivador da vinha.
"O vinho alegra o coração do mortal" (Livro dos Salmos, 103,15).
"Vai, pois, e come o teu pão com alegria e bebe com gosto o teu vinho, porque a Deus agradam tuas obras..." (Eclesiastes, 9,7).
"O amigo novo é um vinho novo: ele se fará velho, e tu regalar-te-ás de o beber" (Eclesiastes, 9,15).
"O vinho bebido com sobriedade é uma segunda vida para os homens..." (Eclesiastes, 31,32).
"O vinho bebido moderadamente é o júbilo da alma e do coração" (Eclesiastes, 31,36).

Mas nem só na Bíblia aparece o vinho, entre os preceitos culturais e religiosos. Luiz Guilherme Vianna, num artigo em que louva o vinho e suas virtudes, refere que cinco mil anos de sabedoria talmúdica ritualizam entre os judeus a prédica de agradecer a dádiva do vinho antes de bebê-lo: "Bendito sejas, ó Eterno, nosso Deus Rei do Universo, Criador do Fruto da Vinha".

Horácio escreveu, na eternidade da *Arte Poética*, referindo-se ao vinho: "Não podem sobreviver e agradar os versos de quem só bebe água".

Por seu turno, Martinho Lutero, continua Vianna, assim ajuizou: "Quem não gosta de vinho, mulher e canção, é um tolo a passar pela vida sem viver".

E o pai da microbiologia, Louis Pasteur, definiu numa frase de cientista e apreciador o posicionamento do vinho entre as demais bebidas: "O vinho pode ser considerado, com justa razão, como a mais sadia e a mais higiênica das bebidas".

Estava, a partir de Pasteur, instaurada a era técnica ou científica da elaboração do vinho. Agora não mais por razões místicas ou milagrosas, mas por razões microbiológicas, pela fermentação do suco da uva através de leveduras microscópicas.

Isso não impediria que o vinho carregasse consigo um caudal significativo de motivos simbólicos, místicos, mágicos e rituais que o acompanharam desde a pré-história. E que, de certa forma, o acompanham até os dias de hoje.

Mas o vinho não deixou de evoluir. Os conhecimentos que caracterizaram a explosão científica em nosso século beneficiaram e modificaram o vinho. Nunca, em tão pouco tempo, a ciência e a tecnologia andaram como agora.

> "Nada mais natural que a vitivinicultura se beneficiasse com essa avalanche de conhecimentos, o que não significou introdução de artificialismos no cultivo da vide ou na elaboração dos vinhos, como podem pensar alguns leigos desinformados.
>
> "Muito pelo contrário, com um respeito cada vez mais profundo – porque mais consciente – pelas admiráveis funções naturais das plantas e das leveduras, os vitivinicultores souberam tirar partido dos conhecimentos específicos, cada dia mais amplos, e melhorar racionalmente um produto que não deixa de ser uma dádiva da natureza.
>
> "O agricultor que se dedica com amor a seu vinhedo, que corrige e aduba o solo, que capina zeloso as ervas parasitas, usa inseticidas e criptogâmicos, poda e amarra cada pé de videira com técnicas sempre mais aperfeiçoadas, não faz senão colaborar com a natureza para obter uma produção sempre melhor.
>
> "Da mesma forma, o enólogo moderno, preparado e esclarecido, que se esmera em criar condições ideais para o processo eminentemente natural da fermentação, busca sempre com afinco um nível mais alto de qualidade – que acaba por alcançar. "Por isso, temos hoje o privilégio de consumir no dia-a-dia vinhos que nossos antepassados mais remotos não tinham como produzir nem mesmo para seus grandes momentos" (Francisco Brasil Monaco).

Por tudo isso, é mister que se revisem os rituais do vinho, gerados na época pré-científica e referentes a um vinho primitivo e empírico que não mais se elabora. Ou na Idade Média, no século passado, em plagas distantes e culturas diferentes. Em contextos diferentes, guardadas suas contingências específicas.

PASSADO E PRESENTE

O ritual nasceu com o vinho. O vinho nasceu com o ritual. Nada mais coerente do que serem mantidas, através dos tempos e das pessoas, suas características mágicas, simbólicas e quase místicas que consubstanciam suas origens.

Mas também nada mais equivocado do que trazer dos milênios e séculos, da escuridão do passado, crenças, tabus, superstições e temores que não mais se coadunam com a modernidade de nossas vidas, com a civilização científica em que vivemos.

"Se queremos progredir, não devemos repetir a história, mas fazer uma história nova" (Ghandi).

O que não quer dizer que não cultivemos, em nossas associações e confrarias, todo o cerimonial, simbolismo e até certo ritualismo medieval que nos enche as vistas e alegra o coração, em uma convivência sinérgica do antigo com o moderno.

Ritualista por excelência, o vinho aparece sempre ligado a divindades e cerimônias e à simbologia religiosa. De Baco a Osíris, de Noé a Jesus, com centenas de citações bíblicas.

Assim é, por exemplo, em confrarias e associações vinícolas e gastronômicas a que nos honra pertencer na França, como a Commanderie du Bontemps de Médoc et des Graves e a Association Internationale des Maîtres Conseils en Gastronomie Française, em que convivem os rituais antigos com os vinhos modernos, as vestes medievais com o *smoking black tie*.

Mas não levemos isso ao grande mercado de vinhos dos consumidores não iniciados, pois neste caso o ritualismo, a coreografia dos amantes inveterados, poderá se configurar como dificuldade, complexidade ou esnobismo de uns poucos, redundando em insegurança, dúvida e temor, o que não é nada bom para o consumo.

Este é um livro sobre rituais. Os rituais de que trataremos, entretanto, são rituais simples, descomplicados, lógicos e modernos, que trazem segurança aos que amam o vinho, permitem comunicação, integração e percepção daquilo que o vinho tem de melhor: suas características como bebida, a mais sã das bebidas, mas apenas um componente da gastronomia. Um magnífico, um extraordinário componente. Mas tão-somente isso.

Nossa vida tem sido uma constante busca da simplicidade das coisas do vinho, para repassar esta simplicidade aos que simplesmente gostam do vinho. Pois, como bem o disse Kahlil Gilbran, "a simplicidade é o último degrau da sabedoria".

ECOLOGIA E CULTURA

O vinho é e sempre foi fruto da feliz conjunção de dois elementos fundamentais: ecologia e cultura. São quatro os fatores que determinam a qualidade de um vinho: a uva, o solo, o clima e o homem. Em cada um desses fatores encontramos ecologia e cultura.

A videira que dá a uva é plantada em locais escolhidos pelo homem, com a sua cultura própria, de acordo com suas motivações e interesses. A tecnologia do cultivo desde o sistema de plantio até a obtenção de boa qualidade pela produtividade limitada são aspectos tanto biológicos como tecnológicos, fruto da cultura dos grandes homens que afagam a terra com carinho na busca de frutos cada vez melhores.

O solo em que se aninha a videira, de onde extrai as substâncias nutrientes, a água para a transpiração e a condução da seiva, tem uma história diferente em cada parte do mundo, uma constituição geológica diferente. O conjunto de suas qualidades constitui o *terroir*. Cada *terroir* é diferente e atua de forma diferenciada durante a vida da planta. Por isso todos os vinhos do mundo são diferentes.

No preparo e no trato do solo, o viticultor apropria o seu conhecimento e a sua tecnologia, dentro das peculiaridades que os diferentes nichos ecológicos lhe propiciam, numa interagente sinergia homem/solo que só um grande amor à terra é capaz de lograr.

O clima, o conjunto das condições meteorológicas de uma determinada região, é determinante da viabilidade, da sanidade e da qualidade que o fruto uva chegará a ter no alegre ritual das colheitas. E também na concentração do sumo em relação ao açúcar, na formação de acidez adequada, que demanda a solidão das noites frias, na vitalidade e no equilíbrio dos polifenóis que influenciarão até o fim da vida dos vinhos, como lhe configurarão a personalidade.

O clima é o único fator que escapa quase completamente à influência do homem e sua cultura, deixando a videira e seus frutos à mercê da mãe natureza. Por isso os grandes vinhos dependem, em primeiro lugar, de contingências climáticas favoráveis ou excepcionais.

Mas o homem é quem orienta e dirige todo o processo, desde a escolha do *terroir*, da variedade adequada capaz de gerar bons frutos e bons vinhos, do seu trato cuidadoso até a vinificação e o amadurecimento. Com tecnologia e arte. Tecnologia desenvolvida ao longo dos séculos em que a qualidade sempre foi o grande objetivo final. Arte secular, milenar, de fazer bons vinhos, com mais sensibilidade do que técnica.

Os viticultores, os agrônomos especializados, os pesquisadores, os enólogos e os empresários da vitivinicultura são os grandes artífices do vinho que o mundo festeja. Através de ritos antigos herdados e de novos ritos tecnológicos apropriados pela ciência e pela tecnologia, laboram diuturnamente para levar ao mercado vinhos cada vez melhores e realizar os nossos sonhos de hedônica satisfação.

Tecnologia, arte e qualidade, ao longo do tempo, resultam em tradição: a tradição de fazer vinhos reconhecidos e apreciados pelo universo dos consumidores. É preciso a melhor uva, cultivada de forma correta, no *terroir* apropriado, e um clima favorável para fazer o melhor vinho, aquele que tem tradição.

Não é possível dissociar ecologia e cultura desse fenômeno de ímpar sinergia. Não há como esquecer que o vinho é feito para ser apreciado sensorialmente pelo homem, e que constitui um elemento integrante da e integrado à gastronomia e aos hábitos transmitidos aos descendentes de determinadas regiões.

E não é só em relação à planta que a ecologia interferiu nesse processo. A temperatura-ambiente e as estações climáticas determinam a gastronomia das diferentes comunidades humanas. Vinhos de uma região tropical sempre serão diferentes dos de uma região temperada ou fria. Uns com a função de resguardar o homem do frio em seus dias hibernais. Outros com o objetivo de matar a sede e refrescar as pessoas nos dias de maior calor.

Os homens abandonaram a sua característica nômade do passado e se estabeleceram em comunidades sedimentadas, com raiz na terra. E como bem o disse Josué de Castro (*Alimentação e Raça*), são quatro os principais fatores de aclimatação do homem: a habitação, o vestuário, o regime de trabalho e a alimentação.

Ariovaldo Franco afirma que:

> "O início das civilizações está intimamente relacionado com a procura de alimentos, com rituais e costumes de seu cultivo e preparação, e com o prazer de comer. Os hábitos culinários de uma nação são sempre o reflexo de sua história, geografia, clima e crenças religiosas.
>
> "A Grécia clássica teve número considerável de escritores sobre gastronomia. Arquéstrato, contemporâneo de Aristóteles, foi dos mais notáveis. Escreveu *Hedypátheia,* vida dos prazeres. Seu trabalho também foi denominado *Gastronomia,* vocábulo composto de *gaster* (ventre, estômago), *nomo* (lei) e do sufixo *ia,* que forma o substantivo. Assim, gastronomia significa etimologicamente o estudo ou a observância das leis do estômago."

Os vinhos, o mais das vezes, são consumidos com as refeições. São parte do prazer à mesa e daí decorrentes. Por isso, o melhor vinho para acompanhar uma refeição sempre será aquele que para ela foi criado. Numa determinada região do globo terrestre, numa determinada comunidade, numa determinada gastronomia.

E a cultura apropriada ao vinho faz sentido na medida em que potencializa o prazer auferido no seu consumo, junto aos outros componentes da gastronomia. E perde o seu sentido na medida em que se constitui em barreira para o consumo, sofisticando, estratificando, dificultando ou inibindo esse consumo.

Falece objetividade a uma cultura mais ritualista do que efetiva, especialmente em civilizações de tradição vinícola recente, como é o caso do Brasil, constituindo-se apenas numa configuração de *status*, numa diferenciação esnobe ou aristocrática, por trás da qual se escondem formalistas ou portadores de um conhecimento técnico que não se configura como verdadeira sabedoria, e de ruinoso resultado mercadológico.

O consumo de volume – como muito bem já o disse Brillat-Savarin, o pai da gastronomia moderna, séculos atrás, em seu monumental *A Fisiologia do Gosto* – é o que viabiliza a diferenciação e a possibilidade de apropriar aos custos das empresas uma segmentação cada vez mais qualificada de produtos finos, que constituem o deleite dos gastrônomos esclarecidos. São os *gourmands* e não os finos gastrônomos, *gourmets* e *commaisseurs* que dão lucro e viabilizam, por seu volume, a fina gastronomia.

E como reafirmou Peynaud, os consumidores são o fim e o objetivo que viabiliza o produto enológico. Sem eles não haveria nem vinhos, nem viticultores, nem enólogos, nem comerciantes de vinho.

O Brasil é um país de bebedores de cerveja e de destilados, entre os quais as aguardentes de cana despontam, mas também as de milho e outros cereais. Bebe-se aqui, só de vodca, o mesmo volume do que de vinho. E somos também o terceiro mercado e volume mundial de colas e refrigerantes. O que prova que não precisamos ser pequenos em consumo. Se somos pequenos, o somos no consumo de vinho.

O vinho é recente na cultura das bebidas nacionais. E entre os fatores que a isso levaram certamente encontraremos elementos inibidores como os que citamos, alicerçados no excesso de zelo, oriundos de simples transposição de ritos extrínsecos a nossa cultura e a nossa ecologia.

O vinho é uma dádiva da mãe-natureza que nem mesmo foi inventado pelo homem. Surgiu ao acaso, nos tempos perdidos da pré-história. Um produto natural e sadio, com a simplicidade das grandes coisas que a natureza criou. Foi o homem que ao vinho apropriou tabus e levou-o ao pedestal da sofisticação medieval.

Mas o mundo evoluiu mais nos últimos cem anos do que em todo o resto da sua história. Maceração carbônica, prensas centrífugas capazes de colher o mosto-flor, controle de temperatura na fermentação, engenharia genética na seleção de leveduras, filtragem por micromembranas esterilizantes, tudo isso é coisa nova. O próprio vinho é um novo vinho. Tudo mudou.

Por que não haverão de mudar as regras do jogo hedônico da apreciação, os rituais do consumo satisfatório? E a apropriação da sensibilidade e do gosto pessoal como o mais importante fator a ser considerado, como a mais-valia nos critérios dos consumidores?

Mas, nas mudanças há que haver cuidado para não cairmos no extremo oposto, em que tudo é válido por presunção axiomática. O que seria incorrer nos mesmos erros da ortodoxia que contestamos. Para mudar deve ser para melhor, com maior uso da sensibilidade e do bom senso.

Como bem o disse Ariovaldo Franco em sua *História da Gastronomia,* se o autêntico gastrônomo é curioso e não se deixa aprisionar pela tradição, tampouco aceita novidades sem espírito crítico e cautela.

OS RITUAIS

"Basta observar, em qualquer lugar público, em torno da mesa, o ritual das garrafas e dos copos, a expressão de beatitude dos circunstantes. Não importa se o momento mágico é de recolhimento devoto, ou de explosão de alegria; a liturgia está ali, palpável e transcendental."

Whitaker Penteado

Todo mundo tem uma idéia do significado do termo *ritual.* A vida obedece a uma série de rituais, que variam desde os ritos religiosos e sagrados, aos ritos jurídicos, militares, comunitários, familiares, mágicos, fúnebres, simbólicos, associativos, esportivos, protocolares, cerimoniais, amorosos, gastronômicos e assim por diante.

Desde que acordamos e iniciamos o nosso dia, até o momento em que começamos a preparação das atividades do dia, através de um sono recuperador, nossa ação obedece a uma série de pequenos e grandes ritos, com os quais estamos familiarizados e que nos trazem segurança e satisfação, se somos felizes, ou tédio e frustração, se somos infelizes.

Quando estamos "de bem com a vida" e quebramos a seqüência ou vemos impedida a observância de alguns dos ritos a que estamos acostumados, muitas vezes entramos em crise ou sofremos com isso. Podemos ficar contrariados ou inseguros. Os ritos têm o poder de nos possibilitar transacionar com elementos conhecidos. O desconhecido, embora excitante ou desafiador, sempre implica risco e este nos traz o temor, maior ou menor, conforme a nossa personalidade individual.

Já quando "estamos de mal com a vida", excessivamente carentes ou entediados, a quebra dos rituais e sua substituição pode vir a ser motivo de ampla satisfação e aquisição de um novo estágio de transações, mais satisfatório que o anterior.

Da mesma forma, quando nos defrontamos com situações que implicam rituais por nós desconhecidos, ou com que não estamos perfeitamente familiarizados, o risco ressurge e o temor pode nos impedir de participar de eventos de que gostaríamos, ou que nos trariam especial prazer e satisfação. Neste caso, o desconhecimento do rito implica abstenção ou desistência.

A incorporação ou o aprendizado de um ritual, por seu turno, nos traz confiança, segurança, satisfação pessoal, nos integra com outras pessoas e afeta positivamente nossa auto-estima. Quer queiramos ou não, vivemos incorporando novos ritos ao nosso conhecimento e comportamento, individual e coletivamente.

O vinho, por todas as suas características, predispõe-se à ritualização. O conhecimento do seu ritual nos confere, portanto, segurança e satisfação, alegria e prazer. O desconhecimento pode implicar abstenção, desuso, temor, insegurança, o que é por tudo lamentável, pois o vinho é uma bebida natural, que nos foi ofertada pela natureza, e que não tem em si embutida nenhuma restrição inata, que nos impeça o seu consumo e o prazer resultante, a não ser o excesso, o abuso, ou casos específicos de ser vedado o seu consumo, por motivos de saúde.

O SIGNIFICADO DO RITUAL

Para a compreensão mais efetiva do ritual e de seu significado, busquemos o auxílio de Maria Iris Teixeira de Freitas, em pensamentos de sua autoria:

> "Animais ritualizam as formas de definir e defender seus territórios. Pássaros elaboram rituais de corte e de relação, assim como as pessoas.
> "O uso do ritual é muito antigo, tão antigo quanto a humanidade. O *Homo neandertalense* conviveu com o mistério da vida no ritual de enterro de seus mortos.
> "O povo paleolítico é conhecido pelas pinturas nas cavernas representando rituais. No princípio os homens dependiam da caça e os primeiros rituais foram criados para apaziguar a natureza e garantir a sobrevivência.
> "Os rituais surgiram das ligações do homem com os elementos da natureza, a terra, a água, o ar e o fogo. Rituais eram criados para garantir o nascer do sol, o cair da chuva e a fertilidade do solo.
> "O ser humano tem usado o ritual desde a pré-história como um caminho para reconhecer e sustentar a vida positivamente. Ele atende à necessidade de relação com outros homens e com a natureza.
> "Os rituais passaram a ser criados intencionalmente pela sociedade para dar sentido ao viver. Eles permitem a percepção da

beleza do caminho. O sentido das ações. O fortalecimento das emoções.

"Os rituais são utilizados ou surgem numa situação de mudança ou nos ritos de passagem. Podemos criar nossos próprios rituais para os tempos de mudanças em nossas vidas.

O ritual é mais antigo que o homem. Os animais já ritualizavam seus territórios e o acasalamento. O vinho expressa um ritual que sobrevive ao tempo e à modernidade.

"Quando criamos rituais que possam nos fortalecer para enfrentar as mudanças, começamos a sentir que somos capazes de conduzir nosso destino.

"O ritual é um caminho para o processo de crescimento e valorização pessoal e de grupos.

"O ritual fornece a ligação entre os mundos interior e exterior e cria um contexto para que as emoções se eternizem.

"Os rituais fortalecem as emoções e têm papel fundamental principalmente nos momentos de iniciação – vontade de apreender algo novo – e no sucesso – contentamento íntimo, aprovação social de habilidades e talentos.

"Os rituais oferecem tradição, apoio e um fortalecimento de relações, assim como um maior senso de equilíbrio, que ajudam a enriquecer a vida.
"Aqueles que fazem rituais das coisas mais simples da vida enriquecem o seu viver. Através dos rituais temos acesso a uma maior sabedoria.
"Precisamos aprender a criar rituais para as várias ocasiões de nossas vidas, entender os que já usamos e trazer nossas interpretações para ritualizar nossas alegrias ou oportunidades de sermos felizes.
"Através dos rituais os valores de nossa sociedade nos orientam para alcançarmos objetivos e resultados. A importância do caminho deve ser considerada. É o caminho que valoriza a chegada.
"Assim que montamos o ritual, ali deixamos o reflexo de nosso interior, como num espelho, e nos ligamos com as outras pessoas que participam conosco dessas emoções, fortalecendo o nosso relacionamento e solidificando tradições.
"Os rituais são parte integral da natureza de nossas vidas. Um rito, uma cerimônia, uma série de atos simbólicos, preenchem sempre uma intenção particular.
"Todos se beneficiam ao compreenderem e darem significado aos rituais que são parte de nossas vidas.
"Como indivíduos, temos necessidades de relação e de formas comuns para encontrarmos o nosso equilíbrio. Socialmente precisamos criar o equilíbrio. Precisamos aprender, conscientemente, a nos unirmos como membros de uma família global.
"Quando criamos rituais que possam nos fortalecer para enfrentar as mudanças, começamos a sentir que somos capazes de conduzir nosso destino.
"Os rituais são reconhecidos como arte.
"Podemos organizar um guia ou princípios comuns a todos os rituais: 1) Existe sempre uma intenção. 2) É inspirado em novas culturas, tradições, etc. 3) E importante o uso da intuição. 4) Deve sempre beneficiar a todos e não causar mal a nenhum. 5) Deve partir da simplicidade. 6) Buscar o equilíbrio. 7) Ligar o sentimento de um ao de todos. 8) Dar ênfase à comunicação. 9) Manter viva a imaginação. 10) Atentar para os detalhes."

OS SÍMBOLOS

"Alguns dos símbolos utilizados nos rituais têm significado exclusivamente pessoal. Você pode ter objetos simbólicos na sua vida que têm significado para você.

"Outros símbolos, embora pessoais, podem ser utilizados em grupos. São os símbolos das relações. Isso se passa em grupos, organizações e mesmo nações e civilizações.

"Os símbolos trazem um sentido e uma tradição que orientam o grupo a determinadas decisões. Eles têm o poder de nos colocar em contato com os mistérios da vida. Com os mistérios e não com o sentido da vida.

"Os símbolos evocam os mesmos sentimentos nas pessoas e conferem a unidade dessas emoções" (Iris Teixeira).

O folclore e os mitos culturais são feitos de símbolos e motivos prescritos pelo ritual do grupo. Folclore, segundo Funk e Wagnall, "é algo que o indivíduo tem em comum com seus companheiros. É parte de seu equipamento como ser humano. Torna possível seu relatório de vida como particular segmento da humanidade".

Whitaker Penteado escreveu uma das mais importantes obras em português sobre o tema *vinho*. Trata-se de *O Folclore do Vinho*, em que se posiciona de forma indiscutível em relação ao tema:

> "Para mim, a sedução maior e mais autêntica do vinho está no seu folclore. Impossível ignorá-lo na Europa. O vinho está onipresente, nas lendas e superstições, em todos os momentos da vida. O vinho não faz parte da vida; é a afirmação de vida, sua expressão mais ostensiva, é a vida de cada um.
>
> "Esta integração, no quotidiano, sacramenta o vinho porque sublima a existência dos povos europeus. Basta entrar em qualquer casa, descer à adega, e aí estão, silenciosos e hieráticos, os numes tutelares da família.
>
> "Basta observar, em qualquer lugar público, em torno da mesa, o ritual das garrafas e dos copos, a expressão de beatitude dos circunstantes. Não importa se o momento mágico é de recolhimento devoto, ou explosão de alegria; a liturgia está ali palpável e transcendental."

O mundo dos vinhos é um mundo rico em simbologia. Copos, saca-rolhas, garrafas cheias de vinhos que nos trazem recordações, vazias de vinhos tomados, provadores de vinhos, rótulos, *posters* e gravuras, fotos, registros, memória, anotações e comportamentos (maneira de segurar o copo) são símbolos ligados ao vinho.

As confrarias e sociedades enófilas e os profissionais do vinho trabalham com toda uma simbologia ligada aos seus rituais de iniciação em suas reuniões periódicas.

A linguagem é uma maneira simbólica de nos comunicarmos. O próprio vocabulário do vinho com que as pessoas se comunicam é usado com significado em parte técnico, em parte simbólico. Palavras como *redondo, harmônico, equilibrado, grande vinho, corpo, caráter, estrutura, leve, jovem, maduro, aroma* e *bouquet* constituem uma espécie de *código secreto* entre enófilos e apreciadores.

O RITUAL DO VINHO

O ritual do vinho, entre suas virtudes, abrange a moderação e o comedimento. Não se bebe vinho para chegar à embriaguez, e sim para lograr o máximo prazer e a elevação de espírito que dele derivam. Isto é válido hoje, como o foi nos diversos momentos da história. A embriaguez e o excesso sempre foram condenados.

> "O vinho, bebida de sábios e iniciados, foi sempre a bebida da moderação. Desde as mais antigas civilizações da Mesopotâmia e do Egito, foi o espírito energético e místico reservado aos magos e aos sábios.
>
> "Os vinhos sempre estiveram presentes nas consagrações místicas (veja-se o próprio sangue de Cristo), e nas comemorações reais. As cultura ocidental, desde Sócrates e Platão, nasceu no *simposium* grego. A palavra *simposium* tem tradição gastronômica, já que significa *convite. Os* romanos o chamavam *compotatio,* que era um pretexto para beber acompanhado.
>
> "As diferenças entre o *simposium* e a orgia, esta uma festa simplesmente sensorial, estava na disciplina intelectual e nas regras de comportamento. E o dirigente do *simposium* era *arbiter bipendi,* isto é, juiz das bebidas. Se o vinho estimulava o diálogo inteligente, havia um limite a ser seguido. O árbitro ou juiz das bebidas determinava as misturas precisas de vinho e de água

que deviam ser feitas, já que os vinhos daquela época, arcaicos, pastosos, misturados com mel, resinas ou mirra, se não podiam beber puros.

"A moderação era, para os participantes do *simposium*, um rasgo de virtude; a embriaguez, um descrédito social. Isso fica demonstrado em vários dos jogos praticados e que tratavam de pôr a prova o autocontrole dos convidados. Um deles, o *cottabus*, constituía-se em levar o copo sobre o ombro com impulso, para trás, jogando vinho a distância, de modo a que fosse cair exatamente em um ponto predeterminado" (Semana Vitícola).

Visto o significado e as vantagens que a arte do ritual pode trazer aos vinhos, se apropriada, vamos buscar um conceito tão simples quanto possível. Para ritual e para ritual do vinho.

Para lograr um conceito, busquei o auxílio dos dicionários mais conhecidos entre nós (Aurélio, Antenor Nascentes, Luft, Caldas Aulete) e também de alguns livros, como a *Enciclopédia de Psicologia Contemporânea*, de Lannoy Dorin.

Em síntese, podemos assim conceituar ritual: *Um conjunto de práticas consagradas pelo uso, ou definido em normas estabelecidas, que se devem observar de forma invariável, de acordo com ocasiões determinadas: etiquetas, praxe, cerimônias, liturgia, protocolo, ritos.*

Também tem o sentido de livro ou manual em que se acham consignadas as práticas, o sistema organizado ou conjunto de regras a seguir, ritos, cerimonial e outros, determinados por costume, pelo uso consagrado ou pela autoridade competente.

Já o termo *ritualista* apresenta dois significados: o que se ocupa dos ritos, trata ou escreve sobre eles. Ou indivíduo muito apegado ao ritual, às etiquetas e às formalidades, fórmulas e cerimônias, no sentido de excessivamente formalista, exagerado.

No caso do vinho *podemos estabelecer que o* ritual do vinho *é o conjunto de práticas consagradas pelo uso que se devem observar, segundo as ocasiões, para a plena satisfação dos participantes. Inclui a apreciação, a etiqueta, o serviço e o vocabulário próprio.*

Entendamos, entretanto, que, de uma perspectiva coerente e moderna, como também prática, o ritual do vinho deve obedecer a alguns princípios de coerência, a saber:

a) a inexistência de regras imutáveis ou axiomáticas;
b) a variabilidade infinita de contextos e situações;
c) as percepções e gostos diferenciados das pessoas;

d) a inviabilidade de simplesmente transferir valores extrínsecos à cultura e à ecologia locais e regionais, para contextos novos.

Neste livro tratarei especificamente da etiqueta e do serviço do vinho. Em outros livros de minha autoria já tratei da apreciação (*A Arte de Beber Vinhos* e *Degustação de Vinhos – Uma Iniciação)* e do vocabulário próprio (*Vocabulário do Vinho* - inédito).

Ao analisarmos as tradições, os símbolos e rituais do vinho, entretanto, tenhamos permanentemente em nossa memória que mesmo os legados do passado mudam. E muito mais num mundo como o nosso, em constante evolução, e em que o pensamento de Heráclito nunca foi tão atual e verdadeiro:

"Nada existe de permanente, exceto a mudança."

SOBRE ETIQUETA

"As flores murcham, os palácios caem, os impérios se desintegram. Só as palavras sábias permanecem."

Edward Thornlike

Quando se fala de etiqueta, logo as pessoas se colocam de sobreaviso. Na defesa ou no ataque. A etiqueta, muitas vezes, é identificada como formalismo supérfluo, sofisticação exagerada, esnobismo, preciosismo ou ritualismo exacerbado. Quando não, *frescura* mesmo.

Na verdade, acontece mesmo que, às vezes, a preocupação com a cortesia e as boas maneiras, os copos e os vinhos certos sobrepuja o que é, afinal, o mais importante: a qualidade do vinho e o gosto pessoal dos convivas. Afinal, a etiqueta pela etiqueta, como mero formalismo, não tem sentido.

Quando se gosta e se estudam vinhos, do ponto de vista do consumidor, se esbarra sempre com um fato fundamental: em qualquer parte do mundo, vinhos são principalmente bebidos à mesa, acompanhando refeições.

Na verdade, os vinhos são um dos componentes nobres da gastronomia. E, como tal, apreciados à mesa. Daí outra resultante. Mais dia menos dia, a gente se encontra com a "etiqueta à mesa". Os vinhos não ficam de fora.

Mas nem só à mesa a etiqueta vem ao encontro dos enófilos apaixonados. Também recebendo amigos, abrindo um champanha para brindar, e nos *vernissages*, espetáculos, concertos, em momentos românticos, é mister demonstrar boas maneiras e se exercitar na arte de receber. Aí entra a etiqueta, que, como todo o ritualismo, nos confere familiaridade, orientação, segurança e nos permite ser corteses, elegantes e eficientes, em todas as situações.

Ao buscar informação e orientação nos livros publicados e nos cursos de etiqueta, a gente se encontra frente a um paradoxo: os especialistas na matéria geralmente não são, também, especialistas em vinhos. E fazem muitas recomendações certas, entremeadas de outras, discutíveis e até às vezes incorretas, pois o ritual do vinho abrange uma cultura própria, dificilmente permeável aos não iniciados, cultura que só pode ser apropriada ao longo do tempo.

Pois cansado de ouvir, ler e ver muita controvérsia a respeito, um dia me enchi de entusiasmo e resolvi "botar minha colher nesta panela", no que fui estimulado pelo *designer* Rui, o mais famoso estilista do extremo sul do Brasil, e a professora Maria Iris Teixeira de Freitas, personagem ligada à etiqueta e ao treinamento, em Minas Gerais.

Ao mesmo tempo, apareciam solicitações de igual ordem nos cursos sobre vinhos que ministro em todo o Brasil e nos programas de rádio e televisão de que participo. Conhecer mais sobre etiqueta aplicada ao tema vinho, à mesa e fora dela, se tornava imperativo, uma necessidade cada vez maior.

Senti também que uma experiência como a minha, com a vida dedicada às coisas do vinho, poderia apropriar alguma coisa significativa à ritualística dos apreciadores de bebidas e ao respeitável patrimônio cultural dos especialistas em etiqueta, auxiliando-os, na área restrita da minha especialidade, a continuarem na sua nobre tarefa de divulgar a arte das boas maneiras e do bem receber.

A verdadeira cultura se constrói com a contribuição de todos, cada um dentro do que lhe for mais familiar. "O óbvio, embora vulgar, está cheio de sutilezas" (Vianna de Magalhães).

Pois aceitei o desafio. Mas não fui desarmado. Já há algum tempo, eu vinha colecionando e estudando alguns livros de etiqueta e de boas maneiras. A partir de então dediquei-me à leitura intensiva e, de lá para cá, continuo estudando e ampliando minha biblioteca pessoal sobre o tema, e estudando com afinco.

Muito fui auxiliado pelas observações e cursos feitos em minhas viagens internacionais, especialmente a França, Espanha, Portugal, Alemanha, Estados Unidos e Canadá, e por minha participação em confrarias francesas de vinhos e gastronomia, bem como nas inesquecíveis refeições, banquetes de gala e rituais do vinho, acontecidos em visitas técnicas e feiras internacionais técnicas, como a Vinexpo, na França; Intervitis, na Alemanha; Eurotur, na Espanha; e Asta, no Havaí.

Também me ajudaram a formar uma cultura ritualística minhas atividades como diretor de hotéis 5 e 4 estrelas (Laje de Pedra, em Canela; Jurerê Praia, em Florianópolis) e como agente de viagem (Habitasul Turismo e Uniontur).

Mas não poderia deixar de fazer uma intensa e gratificante

viagem pelos livros, pois onde está a sabedoria acumulada, senão nos livros?

"As flores murcham, os palácios caem, os impérios se desintegram. Só as palavras sábias permanecem" (Edward Thornlike).

OS LIVROS DE ETIQUETA

No contato com as coisas do vinho havia me deparado, desde o início, com uma verdadeira veneração que os homens de gastronomia e etiqueta devotavam a Marcelino de Carvalho.

Havia tido contato com a obra de Marcelino a partir de livros que me foram facilitados pelo amigo Paulo Xavier e outros encontrados em bibliotecas.

Marcelino de Carvalho foi o precursor da etiqueta no Brasil, no século XX. Não sei qual a data de edição de algumas de suas obras, mas *Se Eles Soubessem* veio à luz já em 1932, quando eu nem era nascido, na Revista dos Tribunais, de São Paulo. Nada menos de 34 anos mais tarde, em 1966, foi reeditada como primeira parte de um livro que teve por título *Snobérrimo.*

É mister esclarecer que a respeito de Marcelino há uma controvérsia instalada. Dizem uns que ele foi muito bom de etiqueta e muito mau de vinhos. Sérgio de Paula Santos, autor que escreve sobre vinhos e gastronomia, afirma em um de seus livros que "Marcelino foi sempre mais chegado ao *scotch* do que ao vinho".

Ao ler as obras de Marcelino de Carvalho, me pareceu que o autor teve duas fases. Uma em que realmente não demonstrou grande apreço ao vinho. É dessa fase um trecho que transcrevo aqui, do livro *Snobérrimo,* no qual o autor relaciona uma série de dicas para bem impressionar:

> "Há muitos anos, eu tinha a mania de passar como conhecedor de vinhos. Um dia fui almoçar em casa de um amigo. Ele estava adoentado e almocei com a senhora. A única conversa que arranjei foi sobre vinhos. Para impressionar. Desde os frios até o café. A senhora não pôde abrir a boca, a não ser para comer.
> "Não disse uma palavra. Nem compreendeu. Conseqüência: só muito tempo depois ela tornou a me convidar para outro almoço. E disse-me, com toda a franqueza, que nada mais cacete do que ouvir falar uma hora a fio sobre assunto tão pouco interes-

sante. Hoje, eu vejo que ela tinha razão. Em *tête-a-tête,* portanto, não se deve falar sobre vinhos."

Mas Marcelino se redimiu em suas outras obras. Ninguém até hoje no Brasil falou tanto de etiqueta de vinhos como ele. E bem. Em *A Nobre Arte de Comer,* editado em 1966, na parte dedicada à etiqueta à mesa, antes das receitas, o autor fornece orientação cuidadosa sobre aperitivos, vinhos, digestivos e coquetéis.

O seu *Guia de Boas Maneiras* teve sua 14ª edição em 1980. O autor dedica diversas considerações aos vinhos e bebidas em vários capítulos, e até dedica um capítulo inteiro ao vinho.

Mas certamente é em *A Arte de Beber — Assim Falava Baco,* já com sua 3ª edição em 1967, que Marcelino se supera e assume a liderança no tema etiqueta e *savoir faire* das bebidas, em especial do vinho, no Brasil. Ao vinho é dedicada mais da metade da obra. Ao vinho internacional, pois ao nacional o autor não devotava grande apreço, como aliás era moda em nosso país naquela época.

A maioria das observações e recomendações de Marcelino são válidas até hoje, e foram, em parte, incorporadas neste livro. Mas, como todo autor, Marcelino tinha algumas manias, como a de só admitir um aperitivo — o Jerez —, um tanto radical e difícil de ser seguida entre nós. Também se submetia a alguns tabus do século passado e tinha uma postura por demais inflexível, distribuindo axiomas a torto e a direito. Porto só a temperatura-ambiente, por exemplo. Nem o Instituto do Vinho do Porto concorda com ele.

Valho-me de Marcelino para ilustrar os leitores com alguns tópicos curiosíssimos e que bem mostram o que queremos dizer:

> "Para que se tenha a certeza da importância das boas maneiras na vida social, basta que se saiba que o primeiro tratado, resumindo-as e explicando-as, foi objeto não de um artista, mas sim de um pensador da estatura de Erasmo de Roterdã. Isso em 1526, na cidade de Antuérpia. O trabalho chama-se *Civilitate Morum Puerilium.* Nele estão contidos os ensinamentos e as regras, até então conhecidos, datando alguns de tempos pré-históricos...
>
> "No século XVI ainda não se conheciam os pratos. O copo era um só para todos. Entre os ricos, servia a dois. Cada qual bebia de um lado certo, esvaziando-o para não deixar o resto ao companheiro...

"Sob a Restauração, era proibido não aceitar o vinho, ainda que o segundo copo fosse facultativo...

"No tempo do Rei Luís XVIII, batia-se o champanha, para que o gás se fosse...

"O vinho e o álcool são companheiros indispensáveis da vida social. Ninguém se lembraria de dar uma festa ou receber amigos para um jantar ou um almoço servindo água, que não é uma bebida fidalga e não anima ambiente algum.

"Os vinhos servem-se durante a refeição e acompanham os pratos, porque são uma espécie de molho à parte. É por isso que eles variam segundo o prato que é servido.

"Os vinhos tintos são servidos na temperatura normal; nos dias frios, podem e devem mesmo ser aquecidos (minutos apenas) ao sol.

"Se o vinho branco ou rosado não for de muita classe, convém servi-lo em temperatura bastante baixa, o que lhes disfarça a qualidade."

Aí estão algumas pitorescas passagens citadas por Marcelino, que aqui reproduzi apenas no sentido de divertir os leitores. Mas se encontramos esse lado pitoresco na obra de Marcelino, os adeptos das boas maneiras e da gastronomia em geral também nela encontrarão positiva e fundamental orientação. Marcelino foi, antes de tudo, um determinado e enfático precursor na sua área de especialização.

O segundo autor de etiqueta do vinho, com profundidade, no Brasil, é Martha Calderaro, em *Etiquetas e Boas Maneiras*, editado em 1983. A autora já apresenta a etiqueta do vinho a partir de um prisma contemporâneo e objetivo. Trata-se de um guia prático e atualizado.

São vários os capítulos em que toca nos temas bebidas, aperitivos, copos e vinhos. Mas dedica exclusivamente ao vinho dois capítulos inteiros, nada menos do que 15 páginas, divididas em 4 títulos. E ainda dedica mais um capítulo a vinhos e queijos.

Martha Calderaro mantém uma coluna sobre etiqueta no jornal *O Globo*. O que temos a lamentar na sua obra é somente a ausência da bibliografia utilizada. As relações bibliográficas são o ponto de partida para quem quer se aprofundar num determinado assunto.

Olga Krell e as edições de Casa Cláudia, em especial *Etiqueta à Mesa*, 1976, e *A Arte de Receber*, sem data, também trouxeram à etiqueta do vinho uma colaboração efetiva, dedicando capítulos a *bar & vinhos*, uso correto dos copos, coquetéis, queijos e vinhos, bar e adega.

Barbara Virgínea e seu livro *Poder pode... Mas não Deve!*, manual ilustrado do bem-receber, charme e etiqueta, em 3ª edição em 1986, dedica um capítulo às bebidas e seus rituais, outro aos coquetéis

Outros autores de etiqueta dedicam menos espaço aos vinhos e às bebidas, mas também são leitura obrigatória para quem quer se iniciar na arte de bem receber (vide *Bibliografia*).

VISÃO CONTEMPORÂNEA

Embora quase não tratando especificamente de vinhos, alguns livros recentemente editados oferecem uma visão contemporânea e atualizada da etiqueta, na forma como a visualizo. O comportamento social tem apresentado ciclos de prestígio e interesse, alternados com ciclos de desinteresse em relação à etiqueta. Atualmente nos encontramos num período favorável.

Um capítulo à parte para Martha Calderaro. São dela alguns trechos que selecionei para melhor compreensão da importância da etiqueta e das boas maneiras no mundo de hoje:

> "Efetivamente, a nossa maneira de viver mudou muito, como resultado de uma adaptação necessária, de um ajustamento lógico e oportuno. Alguns costumes que se achavam em desacordo com as circunstâncias atuais desapareceram por si mesmos. Outros nasceram por força de diferentes circunstâncias, renovando o que precisava ser renovado. Trata-se, em suma, de fazer certas concessões aos novos costumes, sem contudo perder o respeito pela tradição.
>
> "Uma coisa, porém, é certa: nunca as boas maneiras foram tão necessárias como agora. Um número crescente de pessoas ocupam posições que as obrigam a se preocupar com a etiqueta. Preocupar-se equivale a procurar aprender as normas, o que é, ao mesmo tempo, uma prova de superioridade de espírito e de confiança na própria capacidade de adquirir novos conhecimentos (ou hábitos) e colocá-los em prática.
>
> "As pessoas podem ser bem-educadas, corteses e sociáveis, ao mesmo tempo que mantêm uma atitude positiva, simpática e natural. O que se faz necessário é abolir o esnobismo e, em

Etiqueta é a arte de bem se relacionar. A etiqueta do vinho tem fundamentos sociológicos e também hedônicos, sensoriais.

particular, o esnobe. Para nos considerarmos participantes, nao é necessário copiarmos todos os modismos ou tudo o que os outros fazem. Afinal, nem sempre os outros estão certos. Sejamos polidos, porém, e antes de tudo, sejamos nós mesmos.
"Em qualquer degrau da escala social em que se encontre um homem ou uma mulher, eles têm por obrigação iniciar-se no conhecimento de regras baseadas no respeito pela dignidade do próximo, e não em preconceitos ultrapassados."

Quanto a Danuza Leão, produziu em *Danuza na Sala* um *best-seller* com a alegre colaboração da mídia. Não podemos subestimar a influência de Danuza e sua gramática comportamental.

Ela adverte seus leitores, no início, de que seu livro não é um tratado sobre etiqueta, mas no fundo é exatamente isso que ele é, com a diferença de que trata do tema de forma desmistificada e moderna, muitas vezes personalisticamente e com conclusões que podem ser discutíveis. Mas é muito interessante. E certamente trata da etiqueta com um enfoque moderno e atual. Por isso selecionei alguns trechos de *Na Sala com Danuza* para apresentar aos leitores:

> "Se você acha que este livro é um tratado sobre etiqueta, errou de livro. Este livro é resultado de como eu vejo certos procedimentos, como me parece que devemos nos comportar diante de certas situações, as tradicionais e as mais insólitas, com presença de espírito e bom senso.
>
> "Desmitificar. Guardar algumas regras imutáveis do bom convívio social e jogar fora, sem hesitação, um monte de coisas que já não têm razão de ser. Resolver situações que já há 20, 30 anos não existiam. As boas maneiras tornam a vida mais agradável, sim, mas não deixe que as regras rígidas da etiqueta sejam um tormento em sua vida. Tortura, nunca mais.
>
> "Descomplicar. Mostrar que, mesmo com pouco dinheiro, sem pertencer a família tradicional, tudo se pode aprender. Ser gentil, elegante, viver de maneira charmosa, gostosa, fascinante.
>
> "Boas maneiras, gentileza, cortesia. Quando em excesso, claro que é artificial, é apenas uma pessoa representando o papel de bem-educada. É importante dizer não a certas convenções, certas formalidades. A obediência cega a essas leis jamais proporcionou a ninguém um só momento de alegria ou criatividade.
>
> "Posso até passar por superficial, mas o que procurei, mais do que tudo, foi, com algum humor, resgatar a verdadeira delicadeza entre as pessoas. Gentileza não é artigo de luxo, mas sim de primeira necessidade."

Etiqueta na Prática, de Célia Ribeiro. Um trabalho simples, objetivo e prático. Como o título anuncia, embora dedique pouco espaço ao vinho.

O livro de Célia faz sucesso em todo o Brasil. E me valho dela para encerrar este espaço destinado à compreensão do *conceito* de etiqueta. Afinal, o que é etiqueta, na prática?

O Aurélio fica naquela de "um conjunto de cerimônias que se usam na corte ou na casa de um chefe de estado. Formas harmoniosas de trato entre particulares. Cerimonial. Regras, normas, estilo." Creio que não ajuda muito.

Célia deixa a coisa mais clara:

"Menos formalismo e mais cortesia é a filosofia que rege o convívio das pessoas numa época em que há pouco tempo para despender com gestos que não constituam, por si mesmos, a essência de uma relação.

"Numa sociedade competitiva como a nossa, ser bem-educado é predicado cada vez mais valorizado, o que explica o renovado interesse pela etiqueta. O conhecimento das regras básicas do *savoir faire*, estabelecendo o equilíbrio entre tradição e bom senso diante dos estímulos de uma nova sociedade, é necessário para mulheres e homens que buscam sucesso em sua vida privada, social e profissional.

"Examinando os hábitos do início do século XX, através da literatura, constatamos que a linguagem e a forma de relacionamento mudaram muito. As coisas tornaram-se mais simples e diretas, mas a consideração pelo bem-estar do convidado que vai a nossa casa é a mesma.

"O final do século XX, numa revisão comportamental, traz ao indivíduo uma conscientização de suas relações com os diferentes grupos com que convive.

"Quem alimenta sua auto-estima sabe que precisa não só cuidar de seu visual como ter maneiras condizentes com as diferentes circunstâncias, quer no convívio social como no profissional. Ser agradável sem cair no esnobismo é uma condição para o sucesso.

"A etiqueta dá maior segurança, para que todos os tipos de indivíduos tenham um referencial a partir de certas normas formais de acordo com os padrões vigentes na sociedade.

"É sempre o bom-senso que deve pautar as atitudes coerentes com um código de maneiras racionalizadas em função da vida atual."

SÍNTESE

Do que pude sentir e apreender das obras citadas eu me aventuro a uma síntese:

Etiqueta, hoje, é uma combinação de elegância, gentileza e praticidade. Quem não quer ser elegante? Quem não gosta de gentilezas? Quem tem tempo para coisas que não sejam práticas?

Evidentemente, como os leitores já perceberam, estamos falando de ritos e rituais. De símbolos e praxes. De práticas consagradas pelo uso, ou normas estabelecidas, que se devem observar em ocasiões determinadas. Para ser elegante, cortês e prático. A etiqueta como um todo não deixa de ser um ritual de boas maneiras, elegância e praticidade.

No que diz respeito ao vinho, trata de alguns ritos, especificamente. De como servir vinhos aos convidados. De como organizar os copos e o serviço à mesa ou fora dela. E assim por diante. A etiqueta do vinho se configura como um dos ritos componentes do grande ritual do vinho. Em conjunto com o serviço, com a apreciação e o vocabulário do vinho.

Como distinguir, entretanto, etiqueta de serviço? Eu diria que a etiqueta pressupõe um bom serviço. Mas o serviço trata da técnica; a etiqueta, do social. Abrir corretamente uma garrafa é uma técnica de serviço. Fazer isso de forma gentil, agradável e atenciosa, com o vinho certo, para a felicidade dos convivas, é usar também a etiqueta.

Isso em parte explica, com certa sutileza, a razão de tantos serviços serem corretamente conduzidos (tecnicamente), mas não agradarem aos convivas. E de muitas das orientações de etiqueta contidas nos livros ou ministradas nos cursos serem tecnicamente discutíveis, por se basearem em falsas premissas, embora possam agradar por seus ritos.

É preciso compreender o ritual do vinho como um todo para depois abordar a etiqueta e o serviço. E para compreender esse ritual, o primeiro passo é compreender o vinho. Para não cair no falso caminho das superstições, preciosismos, falácias e tabus, que nos trazem saudade do Stanislau Ponte Preta... Como bem o disse Ogden Nash: "Há sempre uma solução simplória para cada problema — nítida, plausível e errada..."

Ritualista por excelência, o vinho toca o coração dos homens e aproxima as pessoas. E depende da etiqueta como a etiqueta depende dele. Não se concebe uma boa mesa sem vinho. Como não se concebe receber amigos sem ser gentil, cortês e educado.

SOBRE SERVIÇO

"Na verdade, não viverei o suficiente para aprender o que desejaria. Já tenho os cabelos brancos."

Amaury Temporal

O vinho está em moda no Brasil. Ainda que esteja sofrendo com a instabilidade econômica e o clima de constante recessão que se estabeleceu em nosso país. Mas se a moda é vinho, o serviço não tem acompanhado esta moda, como seria de desejar. Pouco se fala, entre nós, da arte de bem servir vinhos.

O tema *etiqueta do vinho* só é apresentado com este título nos próprios livros de etiqueta. Nos que tratam da cultura do vinho, aparecem somente temas relativos ao *serviço do vinho.*

Consideramos útil aos leitores, como já o fizemos na parte referente à etiqueta, que os informemos a respeito da principal bibliografia disponível sobre o assunto, pois a relação completa seria fastidiosa, e poderá ser encontrada, ao final deste livro, como "Bibliografia utilizada". Dessa forma, os enófilos interessados em se aprofundar no tema terão um ponto de partida. Vejamos quais os principais autores e trabalhos.

OS LIVROS

No Brasil

Na literatura brasileira de vinhos, que é extensa e variada, o serviço e a etiqueta não têm sido a maior preocupação dos autores. Dentre eles destacam-se, por tratar a matéria com mais profundidade, Danio Braga e Celio França Alzer, em *Tradição, Conhecimento e Prática dos Vinhos;* Osvaldo Amarante, em *Vinhos do Brasil e do Mundo para Conhecer e Beber;* e Orlando Borges Schroeder, em *Iniciação ao Vinho.*

Luciano Pires, em *Beber é uma Festa;* Celso Nucci, em *In Vino Veritas;* Luciano Percussi, em *Vinho, o Bom Companheiro,* também fazem algumas incursões no tema, da mesma forma que Sergio de Paula Santos, em seus diversos livros. Também merece ser conhecido o *Manual do Bar,* de Aristides de Oliveira Pacheco, apostila do SENAC de São Paulo.

E por fim os livros de minha autoria. Em *Os Bons Vinhos do Sul,* o primeiro livro sobre vinhos para o consumidor publicado no Brasil, dediquei um capítulo a como guardar e servir vinhos. Em *Sua Excelência o Champanha,* também um capítulo. E em *A Arte de Beber Vinhos,* são quase 40 páginas dedicadas ao serviço.

Recentemente, o Solar do Vinho do Porto publicou um livreto com o título *Vinho do Porto: Como e Quando Servir.* E a tradução feita de *O Vinho, Atlas Mundial de Vinhos e Aguardentes,* de Hugh Johnson, contempla o tema com um breve texto.

Literatura internacional

Mas é na bibliografia internacional que estão as grandes contribuições para o assunto. Às principais obras que encontrei e utilizei são citadas a seguir e se constituíram no alicerce e no fundamento das práticas propostas relativamente ao serviço do vinho.

Em primeiro lugar os livros *How to Enjoy Your Wine,* e *Wine,* de Hugh Johnson; o autor coloca toda a sua vocação de *gourmet* indiscutível. Estes dois livros constituem, por si só, uma verdadeira "graduação" no tema.

Em inglês também encontramos outras excelentes obras americanas: *The Official Guide to Wine Snobberry,* de Leonard Bernstein, que afronta os tabus do serviço de vinhos com desenvoltura, e *The Wine Hand Book,* de Serena Sutcliffe.

Da Inglaterra, *How to Choose and Enjoy Wine,* de Jancis Robinson; *Understanding Wine — A Guide to Winetasting and Wine Appreciation,* de Michael Schuster, e *Book of Choosing and Enjoyng Wine,* de Arthur Bone.

Na literatura francesa é que, como não poderia deixar de ser, vamos buscar a grande massa de informações sobre *l'art de servir vins.* Um folhetinho condensado e excelente, da SOPEXA, tem exatamente esse título. Também da mesma entidade, *Vins et Spiritueux de France* contribui para a compreensão do tema. Interessante, da mesma forma, é a edição canadense de *Les Vins de la Vigne à la Table.*

Outras obras: *Guide des Vins et de Leurs-à-Côtés,* de Louis Geay; *Le Vin à la Maison,* de Louis Plessis; *Les Vins — Comment les Acheter, les Servir, les Déguster,* de Guy Renvoise; e *Le Savoir Boir,* de Jean-Luc Pouteau.

Na bibliografia italiana, a obra *Il Vino in Casa — Consigli, Nozoni e Curiosità per Apprezzare e Bere il Buon Vino,* do Editoriale Domus.

Sobre caves ou adegas, utilizamos também dois livros específicos. *La Cave,* de Steven Spurrier, e *Le Livre d'Or de ma Cave,* edições Montalba.

Já sobre harmonização de vinhos e comidas, há toda uma literatura, diferenciada. As obras essenciais são: *Le Gout Juste des Vins et des Plats,* de Jacques Puisais; *Food & Wine of France,* de Michael e Stybil Brown; *Toutes les Boissons et les Recettes au Vin,* edição Larousse; e *Le Petit Sommelier — Guide International des Accords des Vins et des Mets.* Todas estas obras dedicadas à culinária francesa.

"Mais vale uma urna de vinho que o poder, a glória e as riquezas" (Omar Kháyyám, 1040/1125).

E mais *Wine with Food,* de Dereck Cooper; *Wine and Food Book,* de Zevin Zraly e Hermann Reiner; *Wine and Dine,* da Exceter Books; *Wine in Cooking and Dining,* do Culinary Arts Institute; e *Il Libro Pratico del Vino,* de Luciano Imbriani, este tratando da combinação dos vinhos italianos com as comidas.

Foi um ano de muita leitura, estudo, esforço e pesquisa. Afinal, "o único lugar em que o sucesso vem antes do trabalho é no dicionário" (anônimo).

De uma maneira geral, os livros sobre vinhos tratam o tema distribuído em diversas partes ou capítulos, tais como: escolhendo e comprando seus vinhos; como ler os rótulos, tipos de rolhas e garrafas; vinhos e comidas; adega e conservação do vinho; melhores vinhos e tabelas de safras; serviço do vinho.

No item dedicado a serviço do vinho, geralmente incluem: a preparação para servir; a abertura da garrafa; a decantação; temperatura do vinho; os tipos de copos; a ordem de precedência; o como servir.

Também encontramos livros dedicados às ocasiões para servir o vinho: no aperitivo, à mesa, com a sobremesa e *after dinner.*

Preferimos agrupar todos esses aspectos dentro de uma visão integrada, juntando-os, para fins de análise, nos seguintes tópicos: a) como guardar e bem conservar os vinhos; b) as idades médias dos vinhos para o consumo; c) como ler o rótulo das garrafas; d) quais os tipos mais comuns de garrafas; e) como preparar o vinho para servir; f) a temperatura correta para servir; g) como abrir a garrafa; h) a escolha adequada dos copos; i) o como servir os copos; j) a correta sucessão de vinhos; k) as ocasiões de servir (aperitivo, à mesa, pós-refeição); l) a combinação dos vinhos com as comidas; m) como escolher vinhos nos restaurantes.

Essa visão integrada também apropria, além do serviço, a etiqueta ou as etiquetas do vinho. Como já vimos, o serviço interage com a etiqueta, um complementando e sendo essencial ao outro. Por isso vamos tratar dos temas de forma conjunta. Diferente do geralmente encontrado. Mudando.

Afinal, como bem o disse o saudoso Barão de Itararé, "Ruim não é mudar. Ruim é quem não tem nada para mudar."

II
ETIQUETA & SERVIÇO

A — DA QUALIDADE À ADEQUAÇÃO ÀS COMIDAS

"Un vin, son plat: un mariage d'amour."

Jacques Puisais

Estamos prontos para entender Etiqueta & Serviço do Vinho. De uma perspectiva formal, porém contemporânea, utilizando ensinamentos do passado, desde que válidos no presente.

Integram o ritual do vinho e suas técnicas as práticas de cortesia e boas maneiras da arte de bem receber, as praxes da etiqueta no seu sentido mais moderno, que incluem a elegância, a gentileza e a praticidade.

> A Etiqueta & Serviço do vinho é o conjunto de práticas consagradas pelo uso, na arte de bem servir vinhos, que se devem observar, segundo as ocasiões, com vistas à plena satisfação dos convivas, atendendo a três requisitos fundamentais: elegância, cortesia e praticidade.

Em outras palavras, trata-se de servir o vinho adequado, de forma correta, no contexto apropriado, visando a proporcionar a maior satisfação possível aos que o forem consumir.

Não podemos nunca esquecer que o vinho se destina, como os demais componentes da gastronomia, a proporcionar satisfação hedônica, prazer, a quem o bebe.

Trata-se de ritos específicos de cortesia, que incluem em seu bojo as técnicas do serviço. O ritual do vinho é o mais amplo conjunto de ritos, que inclui, além da **apreciação** e do **vocabulário,** a **etiqueta** e o **serviço.** A etiqueta, por sua vez, deve incluir o serviço, para ser corretamente realizada.

As técnicas de serviço complementam e completam a etiqueta, assim como a etiqueta é essencial, durante a realização dos serviços, para a plena satisfação das pessoas. Não podemos separá-los.

Vejamos quais seriam as normas ou etiquetas aplicáveis ao vinho, especificamente, sem que a ordem implique qualquer critério de importância ou prioridade, apenas seguindo certa seqüência natural.

Servir vinhos:
— de qualidade;
— em bom estado de conservação;
— no estágio apropriado da sua evolução;
— adequados aos convivas;
— de acordo com a ocasião;
— adequados às comidas;
— apresentados de forma conveniente;
— abertos de forma correta;
— com limpidez adequada;
— arejados (tintos);
— na temperatura apropriada;
— provados e aprovados pelo anfitrião;
— em copos adequados;
— nas quantidades convenientes;
— na sucessão correta;
— de modo adequado.

E isso é tudo. Se você servir vinhos aos seus convidados atendendo aos itens relacionados, você estará utilizando a etiqueta e o serviço de forma integrada e satisfatória. E o resultado só poderá ser o melhor possível.

Creio que esses são os principais momentos em que a etiqueta do vinho se apresenta no convívio social. Entretanto, torna-se transparente que, para utilizar a etiqueta e executar o serviço, é necessária certa familiaridade com o vinho, certo conhecimento das coisas do vinho.

Não basta decorar regras imutáveis — que elas não existem. Cada caso é um caso. Cada situação, cada contexto, cada refeição, cada vinho, cada clima demandam ações diferentes. E a cultura sobre o vinho é absolutamente essencial.

Nas páginas seguintes procuraremos transmitir um pouco dessa cultura, relativa a cada um dos itens ou momentos propostos, sem esquecer que o vinho, sendo quase um "ser vivo", está sempre evoluindo e mudando. Como também mudam as regras e os modismos da gastronomia.

A *nouvelle cuisine* francesa foi a moda até 1991. Aí o Guide Michelin e o Gault & Millau, bem como grandes *chefs* como Paul Bocuse "cassaram" as láureas da nova cozinha, em favor da recuperação da *haute cuisine* (alta cozinha) e da cozinha tradicional e regional. Foi o que bastou. Já no ano seguinte o mundo teve olhos diferentes para com as cozinhas, e tudo mudou. Assim é no mundo da gastronomia e também no mundo dos vinhos.

Que as regras ou sugestões que ocuparão as próximas páginas sejam entendidas, portanto, com toda a sua relatividade e com toda a sua transitoriedade.

SERVIR VINHOS

1. De qualidade

É do bem receber que aos convidados sejam oferecidos vinhos de boa qualidade. É de mau gosto convidar e servir um vinho ordinário ou de qualidade duvidosa.

Existem bons vinhos a preços variados, alguns bem acessíveis. Mas é claro que qualidade tem preço e, quanto melhor o vinho, é de se esperar que seu preço também seja maior. A busca de vinhos com qualidade, a preços viáveis, é uma das permanentes preocupações dos anfitriões cuidadosos.

Quem não conhece a qualidade dos vinhos pode se assessorar com alguém que conheça. Ou buscar o conhecimento nos livros e revistas especializados, e assim fazer um bom papel.

Muitas pessoas são aficionadas da cerveja ou do *scotch* e, quando vão receber convidados, resolvem servir vinhos. Mas como nada sabem sobre eles, terminam por oferecer um bom uísque e um péssimo vinho.

Esta é uma das coisas que considero de muito mau gosto: servir no aperitivo um *scotch* de ótima qualidade e depois passar, na refeição, a um vinho de má qualidade.

Reconhecemos um vinho de qualidade ou pela sua tradição, ou por informações confiáveis a que tivemos acesso, ou experimentando. Mas de qualquer forma, frente à garrafa, é no rótulo que vamos buscar a identificação dos vinhos de qualidade.

Existe toda uma linguagem do rótulo. O rótulo é como que a "cédula de identidade" do vinho. Se quisermos saber de quem se trata, devemos forçosamente aprender a ler os rótulos das garrafas, tanto de vinhos quanto de outras bebidas.

Na verdade, existem três tipos diferentes de rótulos: o frontal, que mostra a frente da garrafa; o contra-rótulo, que se acha no lado oposto; e o colarinho, que geralmente fica no colo da garrafa, acima do rótulo. Esses três tipos de rótulo podem conviver numa mesma garrafa, como pode haver somente o rótulo.

O rótulo frontal deve indicar necessariamente a marca e o tipo do produto, ou nome-fantasia. No contra-rótulo se encontram informações complementares, exigidas pela legislação, bem como pode incluir dizeres que esclarecem sobre a tipicidade e a qualidade do mesmo. Os colarinhos geralmente são reservados para declarar o ano da safra quando este não aparece nos outros rótulos.

Também deve constar dos rótulos, obrigatoriamente, a capacidade da garrafa, o conteúdo, em cm^3 (centímetros cúbicos) ou ml (mililitros), ou ainda, cl (centilitros), ou mesmo l (litros), o que dá na mesma para fins práticos. Igualmente deve constar o teor alcoólico, ou graduação alcoólica, em graus GL (Gay Lussac) ou em % Vol (percentual por volume), que também dá na mesma.

As garrafas de vinho geralmente têm 75 cm^3 ou ml. Mas podem variar para mais ou para menos. Já o teor alcoólico é extremamente variável. De acordo com os tipos de vinho, baixo nos tipos *light*, médio nos vinhos de mesa, um pouco maior nos vinhos especiais e licorosos e mais alto nos vinhos generosos e fortificados. Essa variação, nos vinhos, vai de mais ou menos 9 graus a mais ou menos 20 graus.

Já nos destilados, como o Cognac e o Brandy, o conteúdo costuma ficar na casa dos 70 cl, ou 0,70 l, e o teor alcoólico por volta dos 40% vol. ou 40 GL. Bagaceiras e outras aguardentes de uva podem variar, também em torno desse número.

Mas não é tão simples assim. Conforme o país, e conforme o tipo de bebida, os rótulos podem ser diferentes. E nos países que possuem sistemas de qualidade institucionalizados, a classificação correspondente também consta do rótulo.

No Brasil costumamos chamar os vinhos de maior qualidade, de cada vinícola, de "Reserva" ou "Reserva Especial", analogamente aos países europeus. Mas também o tipo ou cor do rótulo podem significar maior qualidade. Os rótulos dourados (série ouro) constituem geralmente linhas superiores, dentro das diversas linhas de um produtor. Ou então alguns chamados "varietais", quando há outras linhas de vinhos de mistura ou corte. Tudo depende da cultura regional.

O rótulo fornece ao consumidor as informações sobre a qualidade e as características dos vinhos. A primeira coisa a fazer diante de uma garrafa de vinho é analisar o seu rótulo.

Outra denominação que caracteriza um mínimo de qualidade, pois separa os vinhos elaborados com viníferas nobres dos com uvas comuns, é a denominação de "vinho fino", entre os nacionais. Entretanto, entre os ditos finos existem melhores e piores. A tradição, a experiência e as informações obtidas deverão nortear a escolha dos vinhos de melhor qualidade.

Na CEE — Comunidade Econômica Européia os vinhos de melhor qualidade (cerca de 30% do total) recebem a classificação de *DOC — Denominação de Origem Controlada.* Os demais vinhos são chamados de "vinhos de mesa" (cerca de 70% do total), e são de qualidade inferior aos DOC.

Na França, os correspondentes aos DOC (melhores vinhos) são os *AOC — Appellation d'Origine Controlée.* Na Itália, são os *DOC — Denominazione di Origine Controllata.* Em Portugal, *DOC — Denomi-*

nação de Origem Controlada, ou *Demarcada.* Na Espanha, também é *DOC — Denominación de Origen.*

Embora não levem a denominação, os vinhos alemães correspondentes aos DOC são os *Qualitätswein,* em contraposição aos vinhos de mesa, *Tafelwein,* e aos *Landwein.* Os vinhos de mesa, na Comunidade Européia, são os de menor qualidade. Isso não ocorre no Brasil, onde alguns vinhos de mesa estão entre os de melhor qualidade.

Além da DOC, os vinhos da Comunidade Européia possuem outras denominações que indicam qualidade. Impossível tratar aqui de todas. Vamos apenas referir algumas, para orientação do leitor. Maior profundidade haverá que ser buscada em livros que tratam dos vinhos de cada região.

Na França, de uma maneira geral, tanto melhor quanto mais específica e restrita for a AOC. Por exemplo: *Appellation Pauillac Controlée* tende a ser melhor do que *Appellation Médoc Controlée,* que por sua vez tende a ser melhor do que *Appellation Bordeaux Controlée,* e esta do que a *Appellation d'Origine Controlée.* Porque Pauillac é um pequeno e notabilíssimo lugarejo, que fica no Médoc, que por sua vez é uma das regiões de Bordeaux. E a denominação geral AOC nem localização tem, podendo ser qualquer parte da França.

Os *Château,* por seu turno, costumam indicar bons vinhos (alguns grandes). Os *Cru Classé* e *Grand Cru Classé* também indicam vinhos superiores, nas regiões de Bordeaux e Provence. E *Grand Cru* e *Premier Cru,* nas demais regiões vinícolas francesas.

Na Espanha, além da DOC, existem as denominacões de *Reserva* e *Gran Reserva,* bem como *Vino de Crianza* para os seus melhores caldos. Em Portugal também se usa o termo *Reserva* para os seus melhores, e também *Garrafeira.* Da mesma forma, na Itália o termo *Riserva,* e ainda *Classico e Superiore.* Na Alemanha, os melhores vinhos são classificados como *Qualitätswein mit Prädikat,* sendo os *Spätlese* e os *Auslese* os melhores dentre eles.

Nos Estados Unidos, são usadas palavras como *Private Reserve, Reserve, Special Selection* para caracterizar os melhores caldos. Na Argentina e no Chile, também palavras como *Gran* e *Reserva* podem significar melhor qualidade dentre os vinhos de uma mesma bodega.

Pistas ou indicadores que nos podem revelar os vinhos que têm probabilidade de terem maior qualidade, sejam quais forem as suas origens, são as cápsulas e as rolhas. Os melhores vinhos têm cápsulas de chumbo ou estanho, às vezes lacre. Nunca, porém, são plásticas ou de papel aluminizado.

As rolhas também fornecem excelente pista. As rolhas dos melhores vinhos são de cortiça maciça (nunca aglomeradas) e longas. As rolhas aglomeradas (feitas de fragmentos colados) só são usadas em vinhos de segunda classe. Rolhas curtas resultam em vida curta para o vinho e são usadas para vinhos de qualidade inferior.

Não devemos esquecer que os melhores vinhos são também função das diferentes safras, pois o clima é determinante e aleatório na qualidade potencial de um vinho. No Brasil, as melhores safras da década foram os tintos de 1986 e os tintos e brancos de 1991. Na França, Itália, Portugal e Espanha, existem tabelas de melhores safras. No caso de escolhermos vinhos dessa procedência, e se quisermos os melhores, deveremos procurar saber sobre as safras. Só então poderemos escolher os melhores vinhos das melhores safras.

Um último indicador de qualidade, ainda que não infalível, é o preço. Qualidade tem preço em qualquer parte do mundo. Ainda está por ser descoberto o Grande Vinho com preço de vinho de consumo corrente. Milagre com vinho, só Cristo, e isso foi há muito tempo...

2. Em bom estado de conservação

Todos os vinhos têm o seu nascimento determinado pela fermentação; depois amadurecem e envelhecem. Têm sua juventude, maturidade, senescência e morte.

Vinhos jovens, como os brasileiros, devem ser consumidos em sua juventude. Os brancos geralmente em até 2 ou 3 anos; os tintos um pouco mais, em até 4 a 6 anos, os mais conservados. A maioria dos tintos nacionais, entretanto, podem e devem ser consumidos de imediato, como os brancos, em 2 ou 3 anos.

Para servir os vinhos em bom estado de conservação, é preciso conhecê-los, saber o seu limite. Cada vinho é um caso. Tem um limite diferente. Os grandes Bordeaux e Borgonha podem chegar até próximo dos 30 anos. Os licorosos, como o Sauternes e o Porto, chegam aos 50 e até passam dos 100 anos.

Os vinhos que duram muito tempo são chamados "vinhos de guarda". Vinhos aptos a serem guardados para envelhecer com dignidade, podendo até ganhar com o tempo. Não só os tintos, mas também os brancos, de forma especial os europeus, podem ter longevidade considerável.

Ninguém consegue memorizar o tempo de duração de todos os vinhos do mundo. Por isso usamos a literatura especializada, as tabelas de tempo médio para o consumo e a opinião dos *experts* como pontos de referência. Mesmo entre os brasileiros há vinhos que d. ram mais do que outros. Só a experiência ensina isso.

Além do problema da idade, os vinhos devem ser bem conservados. Quando os vinhos não são bem conservados, podem envelhecer precocemente, oxidar excessivamente, apresentando um cheiro de aldeído e gosto desagradável; ou ainda avinagrar, tornando-se excessivamente ácidos e impotáveis.

Doenças também arruínam os vinhos e são estimuladas pelo mau ambiente de conservação. Uma clássica enfermidade que atinge os vinhos é a "doença da rolha", que os franceses chamam de *buchonné*, causada por microorganismos que permanecem na cortiça, em estado latente, e desabrocham com a umidade, na garrafa. Conferem cheiro e gosto de rolha ao vinho.

Tão importante quanto escolher um bom vinho é conservá-lo de forma adequada, a fim de que não se arruíne, ou envelheça precocemente. Por isso os vinhos devem ser conservados em adegas ou depósitos que atendam a certos requisitos, e não displicentemente, em qualquer lugar. Servir vinhos bem conservados é fundamental na etiqueta dos vinhos.

Vejamos agora quais as condições para a correta conservação dos vinhos. Manter as garrafas:

a) permanentemente **deitadas;** podem ser inclinadas, desde que a rolha fique totalmente encoberta pelo líquido, molhada; a rolha umedecida incha e veda bem a garrafa; se mantida seca (garrafa na vertical), a rolha encolhe, diminui de tamanho e permite que entre ar, o grande inimigo do vinho no tempo; ao mesmo tempo que sai álcool e substâncias voláteis se perdem;

b) numa **temperatura baixa e mais ou menos constante** (14 a 16 graus); a variação de temperatura submete o vinho a um *stress* que acaba por arruiná-lo; a alta temperatura envelhece o vinho precocemente e favorece a proliferação de microorganismos e o surgimento de fermentações indesejáveis;

c) em um **ambiente sombrio,** com pouca ou nenhuma luminosidade; a luz favorece a oxidação, o envelhecimento precoce e a degradação do vinho;

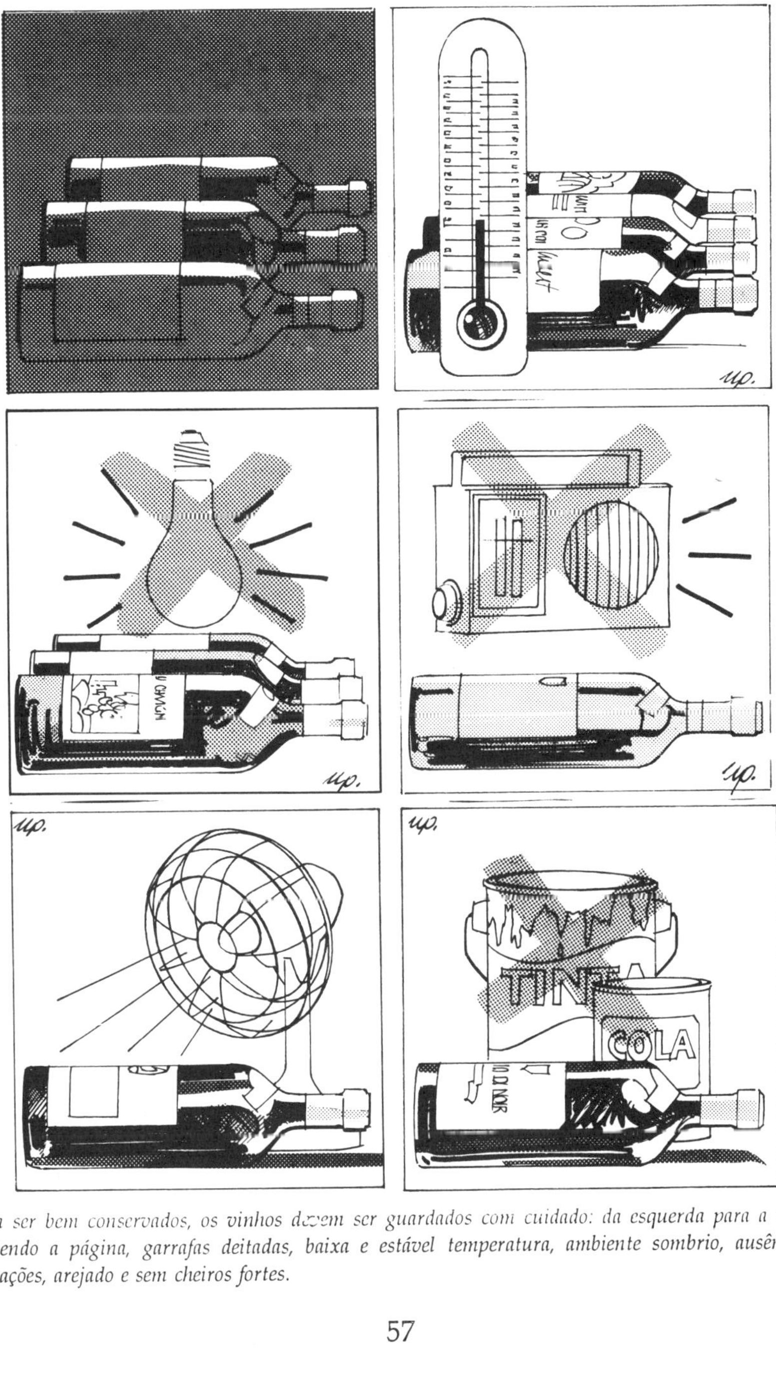

Para ser bem conservados, os vinhos devem ser guardados com cuidado: da esquerda para a direita, descendo a página, garrafas deitadas, baixa e estável temperatura, ambiente sombrio, ausência de vibrações, arejado e sem cheiros fortes.

d) **livre de vibrações** ou movimentações; ruídos também são vibrações;

e) em **ambiente arejado;** os ambientes fechados, em que o ar não circula, se prestam para a formação de mofos e bolores, que atacam o rótulo, a rolha e o vinho;

f) em ambiente com certa **umidade relativa;** nem tão alta que favoreça a proliferação dos fungos, nem tão baixa que resseque a rolha;

g) em **ambiente livre de cheiros** ou de produtos que exalem cheiros fortes, como solventes, tintas e desodorantes; os cheiros penetram pela rolha de cortiça, que respira, e arruínam os aromas do vinho.

O lugar para guardar vinhos, portanto, deve ser reservado, arejado, escuro, com umidade média, silencioso, estável e isolado. Pode ser uma simples prateleira com um pano preto fino de cortina, um armário com aberturas para o arejamento, ou mesmo um cantinho da casa. Mas que satisfaça as condições antes referidas.

Pode também ser uma boa adega, uma adega-gabinete climatizada, e assim por diante. Mas por favor, evite o vão das escadas... O local vai ter intensa trepidação.

Procure manter um livro ou caderno na sua adega. Anote as entradas e saídas, com observações sobre a utilização e a apreciação dos vinhos tomados; é muito mais fácil de adiministrar e, ao mesmo tempo, constitui um instrumento de aculturamento sobre vinhos.

3. No estágio apropriado da evolução

Se queremos dar o melhor de nós para nossos convidados, devemos nos preocupar com o estágio mais apropriado da vida dos vinhos que vamos servir.

Os vinhos podem nada ganhar com o tempo. Certamente a velha regra "vinho quanto mais velho melhor" é uma grande mentira. Há vinhos que, ao contrário, quanto mais jovens melhores. Outros ganham com o tempo e com o envelhecimento. Até um certo ponto, quando começam a arruinar.

Há vinhos que podem e devem ser servidos jovens, quando têm mais preservadas suas características de frutados. Outros já amadurecem na pipa ou na barrica e chegam à garrafa como vinhos maduros. Outros ainda podem começar o seu envelhecimento na barrica e continuar na garrafa. São os vinhos envelhecidos.

O estágio apropriado da evolução do vinho (jovem, maduro, envelhecido) é um dos aspectos a cuidar quando se serve um vinho.

Não é correto servir vinhos fora do seu estágio satisfatório. O ideal seria servir em seu estágio ótimo. Se o vinho é do tipo jovem, deve ser servido na fase de juventude, como a maioria dos brasileiros e importados. Se o vinho é maduro ou envelhecido, devem ser observados os prazos máximos e ótimos de consumo.

Mas servir no estágio ótimo também pode significar um prazo de carência. Muitos vinhos, como os grandes Bordeaux tintos, possuem um prazo mínimo para o consumo, que pode variar de 3 a 5 anos. Antes disso se encontram ainda demasiado jovens, adstringentes, ásperos. Servi-los nessa fase de imaturidade seria, pelo menos, um desperdício. E certamente não seria servir o melhor.

4. Adequados aos convivas

"Quando alguém está decidido a reunir amigos em torno de uma mesa, deve — antes de mais nada — pensar nos convidados, seja em número, seja em qualidade" (Marcelino de Carvalho).

Quando se convida, se quer proporcionar momentos de satisfação aos convidados. Nesse sentido, devem ser respeitados seus gostos e preferências. Afinal, desejamos que se sintam bem.

Se os nossos convidados preferem vinhos de um determinado tipo, por exemplo suaves e brancos, de nada adianta oferecermos excelentes vinhos tintos e secos. Também não há de ser o cardápio que irá determinar essa grosseria. Nem o nosso gosto. As honras se fazem aos convivas.

Qual a saída quando nos encontramos em conflito de gostos, do anfitrião e dos convivas? Ou prepondera o gosto dos convidados, ou servimos dois vinhos diferentes, como opção de escolha, conforme o gosto. Um para o dos convidados e um para o nosso, sem estabelecer essa regra, deixando a escolha das garrafas para os convidados. Quem sabe, sem sermos grosseiros, conseguimos ajudá-los a melhorarem seu paladar?

O mesmo vale para as preferências conforme a idade. São poucos os jovens capazes de apreciar um velho tinto seco e encorpado. Se vamos receber um casal jovem, devemos estar preparados. Podemos inclusive abrir só uma garrafa, desde que agrade os convivas.

Há também pessoas que preferem os tintos ou brancos, independentemente do acompanhamento ou da ocasião. Outros podem ter incompatibilidade com certos tipos de vinhos. Ou motivos religiosos.

Por isso, e por experiência própria, sugiro uma precaução cautelosa. Se você não conhece os gostos e hábitos dos convivas, tenha sempre à mão alguns vinhos alternativos, que serão usados de acordo com o que você descobrir em relação aos convidados, no papo anterior à refeição. Procure sondá-los sobre isso.

5. De acordo com a ocasião

Cada ocasião pode ter um tipo de vinho adequado. A variação não se resume ao tipo de vinho mas também às características e à qualidade do vinho. Ocasiões especiais, momentos especiais, pedem vinhos especiais. A importância ou a excepcionalidade do momento pode ser um determinante do vinho a ser oferecido.

Se vamos conversar recebendo amigos, é um tipo de vinho. Se vamos aperitivar, outro tipo. Durante a refeição, outro; à sobremesa também outro. Com os queijos ou *after dinner,* como digestivos, são servidos vinhos diferentes. Nesse caso é o tipo de vinho que prepondera sobre a qualidade. A qualidade mínima é presumida no bem receber.

Também constituem influentes de ocasião os fatores atmosféricos, o clima. O calor pede um vinho diferente do frio. No *deck* da piscina certamente não tomaremos o mesmo vinho que em torno da lareira. Um dia de chuva pode mudar a nossa escolha. No verão vinhos brancos sabem bem. No inverno os tintos ajudam a aquecer a alma...

Dia de festa, aniversário, casamento, nascimento, formatura, promoção, sucesso de um bom negócio, Natal, Ano Novo, carnaval, pedem vinhos de festas. O Champagne e os espumantes despontam como o rito mais festejado.

Da mesma forma, o vinho participa do clima, da ambientação de um momento de romantismo. Conforme o caso, pode ser um branco, um tinto ou um Champagne ou espumante, dependendo da oportunidade, do local, da refeição, da companhia, e assim por diante.

Vejamos agora quais os diferentes tipos de ocasiões em que se servem vinhos: a) no aperitivo; b) acompanhando a refeição; c) acompanhando a sobremesa; d) acompanhando os queijos; e) *after dinner* ou como digestivo; f) para um brinde de honra; g) independentemente da refeição (a qualquer hora); h) recebendo amigos; i) acompanhando um clima romântico; j) acompanhando um clima festivo.

Para brindar, o vinho tem assegurada sua presença. Um Porto de honra, um champanha ,e um vinho especial significam atenção e carinho para com os convivas.

A chave da decisão do vinho para a ocasião é a escolha correta do TIPO de vinho ou bebida a ser utilizado, em determinado contexto ou circunstância. Vejamos quais os tipos de vinhos mais recomendados para as diferentes ocasiões propostas:

a) No aperitivo

No aperitivo servem-se bebidas secas, isto é, com açúcar em dose imperceptível, ou sem açúcar. **O açúcar destroça o paladar, reduz o apetite e nossa percepção sensorial** para bem saborear a refeição. Vão bem, no aperitivo, vinhos brancos secos, espumantes e Champagne ou champanha *brut.*

Isso é ponto pacífico entre os diversos autores. A partir do Marcelino de Carvalho, no início do século, até o atual *Hugh Johnson* e os livros recentes em todo o mundo. Mas também todo mundo faz algumas concessões, porque não só muitos americanos, como até alguns franceses, usam dar uma "adoçadinha" no aperitivo.

O Kir e o Kir Royale, vinho branco seco e Champagne, respectivamente, com um lance de Creme de Cassis, são manias borgonhesas. Um lance de cassis, e até uma cereja ao mandarino, são inclusive usados no Beaujolais *primeur,* quando se aperitiva tinto. O que pode ocorrer quando, na refeição, vão se utilizar apenas vinhos tintos.

Mas não podemos aqui propagar apenas os hábitos e costumes, sem entrar no mérito. E o mérito, indiscutivelmente, está nos aperitivos secos. Marcelino só admitia um aperitivo vinho, que ele considerava imbatível, o Fino Jerez ou o Amontillado, ambos secos, invariavelmente.

Hugh Johnson não deixa por menos: "A bebida doce não tem o efeito de estimular o apetite; ao contrário, tem o efeito de inibi-lo. O açúcar cria uma sensação de plenitude, a última coisa que se pode esperar de um aperitivo. Amortece o paladar, que necessita é de ser despertado, equilibrado e potencializado."

Constituem excelentes aperitivos, dentro dessa concepção, vinhos brancos secos, inclusive os verdes portugueses, coquetéis secos, não refrescantes; isso vale dizer *short drinks,* vermute seco e vinhos fortificados e especiais. Sempre *dry.*

Quem não gostará de apreciar um Fino Jerez ou Amontillado, um Porto branco seco e extra-seco, ou um Madeira seco?

Por outro lado, constituem também excelentes aperitivos os vinhos Champagne, os espumantes, como um Blanquette de Limoux, um Seck alemão, Vino de Cava espanhol ou um champanha brasileiro. Os espumantes nacionais são os vinhos de melhor qualidade, dentre os nossos. Os temos excelentes. Mas por favor, no aperitivo, sempre, invariavelmente, *brut.*

E, por inusitado que pareça, se formos acompanhar a refeição com vinhos tintos poderemos aperitivar com um tinto *nouveau,* do ano, como um Beaujolais, um Côtes-du-Rhône *primeur* ou um bom jovem brasileiro.

b) Acompanhando a refeição

Para acompanhar a refeição, utilizamos os chamados genericamente de "vinhos de mesa". Não confundir com a classificação européia, em que os vinhos assim chamados são de baixa qualidade, em toda a CEE, como já explicamos.

Os vinhos de mesa podem ser brancos, tintos e rosados. A escolha depende dos gostos pessoais e dos pratos que compõem a refeição. De uma maneira geral, os vinhos que melhor acompanham uma refeição são os vinhos secos. Trataremos disso mais adiante, com mais profundidade.

c) Acompanhando a sobremesa

É a hora e a vez dos vinhos de mesa adocicados ou suaves, bem como dos espumantes, champanhas e Champagne, *demi-sec* ou doce. Também podem ser secos ou *brut,* para fazer um agradável contraste com a doçura do prato.

Aí vêm o Porto tinto, o Madeira doce, o Málaga, o Jerez Oloroso e o Cream Jerez, os fabulosos frutos da podridão nobre Sauternes, Tokay, Beerenauslese e Eiswein. Os "vinhos de passa", Vinsanti, Vino Passito, os Vins de Paille e os moscatéis, como o Moscatel de Setúbal.

E não podemos esquecer os espumantes, o Champagne, o Asti Spumanti, os champanhas brasileiros. Nem os vinhos alemães *Qualitätswein* que chegam ao mercado brasileiro.

d) Acompanhando os queijos

Depende dos queijos. Existem alguns princípios a serem utilizados no feliz casamento entre vinhos e queijos. De qualquer forma, queijos fortes pedem vinhos fortes, queijos leves e suaves, vinhos leves.

Aqui existe toda uma tradição francesa, que se refere à sinergia dos contrastes; os queijos Rochefort, Camembert e Brie são geralmente acompanhados por vinhos doces licorosos, como os fabulosos Sauternes francês, Tokay húngaro, Trokenbeerenauslese alemão.

e) "After dinner" ou digestivos

Após a refeição, após o café (alguns preferem acompanhando o café), apresenta-se a oportunidade para um dos menos celebrados ritos, entre nós. E que é vivenciado, de forma invariável, pelos que sabem viver.

Um novo bom momento para os vinhos fortificados, como o Porto, Madeira, Jerez. Secos ou adocicados, conforme os gostos e preferências. Mas também vai bem um Champagne ou champanha, *brut* ou *demi-sec*, ou um vermute branco ou tinto.

Mas, indiscutivelmente, é aqui o grande momento dos derivados de vinhos ou destilados do vinho, como o Cognac, o Armagnac, o Brandy (temos excelentes no Brasil), o Marc e as Bagaceiras ou Aguardentes Velhas. Eles brilham como ninguém após o café, com o charuto ou nos papos fora da mesa. Na hora de fumar (para os fumantes).

f) Para um brinde de honra

Num *vernissage*, no intervalo ou nos momentos que antecedem um concerto, em qualquer momento em que seja oportuno um solitário copo de vinho, para apreciar ou brindar. É o grande momento em que tradicionalmente o Porto e os outros fortificados aparecem solitários.

Mas também pode ser um Champagne, um champanha nacional, um bom vinho branco de boa estirpe, ou mesmo um tinto de nobreza indiscutível.

g) Independentemente da refeição (a qualquer hora)

O vinho é bom para ser apreciado nas mais diversas circunstâncias. Para beber, basta a vontade. Um copo de vinho é sempre comemorado pelos que realmente gostam. E, nesse caso, não há vinho recomendado ou melhor; qualquer tipo de vinho **de qualidade** é aceitável; depende apenas do momento, da temperatura e da vontade.

E o Champagne ou champanha, nunca é demais relembrar, é sempre bem-vindo e festejado.

h) Recebendo amigos

Voltamos ao ponto referido anteriormente — depende dos amigos. Queremos agradá-los; portanto, seus gostos e preferências são fundamentais; pode ser qualquer um, **desde que seja bom,** e **os amigos apreciem.** Inclusive um Champagne ou champanha.

Temos de terminar com essa história de que os espumantes são apenas para ocasiões extraordinárias. Um espumante servido aos amigos geralmente causa surpresa e os sensibiliza.

i) Acompanhando um clima romântico

O Champagne, o champanha e os espumantes são mais servidos nessas ocasiões. Parece haver uma "secreta cumplicidade" entre o momento e o vinho espumante. Mas, de acordo com a situação, os brancos e os tintos podem ser até mais integradores, como um excelente tinto, num jantar à luz de velas, junto à lareira.

j) Acompanhando um clima festivo

O vinho que é a própria festa, comemoração ou alegria é indiscutivelmente o Champagne ou champanha; vinho de festa é um verdadeiro adjetivo que o acompanha através dos tempos. Na sua falta, um bom branco ou mesmo tinto. No clima de festa a qualidade não é tão importante assim, salvo para as pessoas mais sofisticadas, ou para celebrações de relevância.

Esses são os vinhos de praxe. Mas nada impede que você modifique ou interfira nessa praxe. Seja você mesmo. Certo é o que dá certo. Invente, tente, faça uma combinação diferente... Quem sabe a

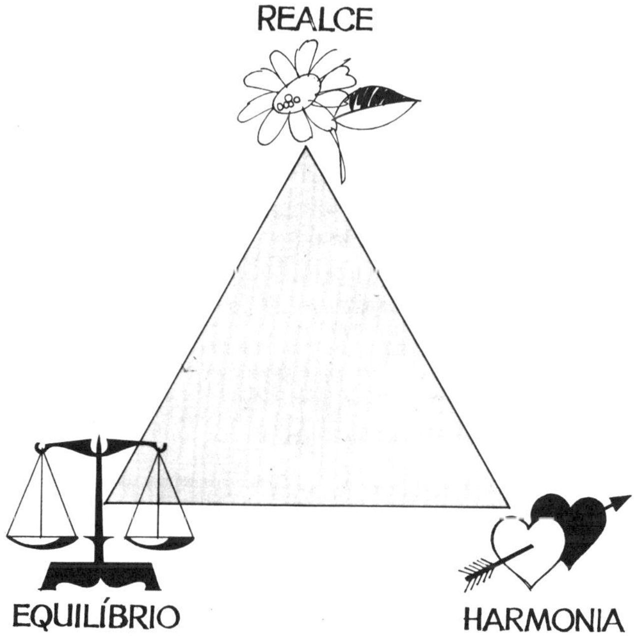

O triângulo da sensibilidade sintetiza a harmonizaçao de vinhos e outros alimentos: equilíbrio, harmonia e realce.

moda pega e você entra para a história? Não se esqueça, entretanto, de que quando você recebe, o mais importante é a satisfação dos seus convivas.

6. Adequados às comidas

A harmonização dos vinhos com os outros alimentos — porque o vinho é também alimento — é um capítulo à parte na gastronomia. Ninguém se entende a respeito. Em nome dessa idéia são organizadas extensas listas, com a pretensão de abranger todas as variáveis possíveis. Listas que ninguém consegue memorizar. E cujo fundamento é deveras discutível.

A velha máxima que é transmitida através das gerações, de que "carnes brancas vão bem com vinhos brancos e carnes vermelhas com tintos" há muito já deixou de ter qualquer sentido prático. Sua perenidade deve-se certamente à analogia de cores e à simplicidade. Qualquer pessoa consegue compreendê-la e memorizá-la.

Quem determina se um vinho casa bem com um alimento são o paladar, a sensibilidade e o gosto de cada pessoa. E essas três coisas são sempre diferentes para cada um. Como então estabelecer casamentos, considerados bem sucedidos, e querer impingir esses resultados a toda a humanidade?

Eu já degustei um excelente branco Poligny Montrachet acompanhando maravilhosamente um javali (caça) no rolete, em plena Borgonha, por recomendação de meu anfitrião. E um filé de peixe empanado, nas costas da Normandia, acompanhado de uma boa safra de um tinto do Médoc, por recomendação do *chef.* E já apreciei filé mignon desfiado ao Champagne, acompanhado de um excelente Champagne *millésimé,* naturalmente branco, em Reims, servido por um dos maiores produtores mundiais de Champagne. E as cores? Que se danem as cores!

Leonard Bernstein, Derek Cooper, Kevin Zraly, Hermann Reinner e Jacques Puisais já lançaram uma efetiva "pá de cal" nas baboseiras do passado.

Isto não quer dizer que tenhamos ficado sem pontos de referência. Mas referência para bem usar a **sensibilidade** e usufruir maior prazer na gastronomia do vinho.

Eu já venho me ocupando deste tema há um bom tempo, pois sou um bom garfo e adoro comer e beber bem. Em 1987, publiquei um artigo na *Revista do Vinho,* com o título "O triângulo da sensibilidade — o casamento ideal entre vinhos e alimentos". Revendo-o agora, vejo que continua válido. Por isso vou reproduzir parte dele, com algumas modificações de atualização.

Em minhas viagens pelo mundo, com o objetivo de conhecer as regiões vitivinícolas e também como hoteleiro, agente e guia de turismo, tive oportunidade de ver e de ouvir muita coisa a respeito do perfeito "casamento" entre vinhos e outros alimentos.

Quando comecei a escrever sobre vinhos, senti também a necessidade de estudar, na ampla bibliografia de que disponho, as diferentes opiniões e posições dos autores — tanto *gourmets* quanto *gourmands.* E foi muito fácil constatar que a confusão é geral.

Cada fonte, cada pessoa, cada *expert,* apresenta uma diferente forma de enfocar o assunto, mas algumas coisas ficaram logo muito evidentes:

1 — não existe uniformidade de critérios — o que um diz ser correto, o outro recrimina;

2 — a maioria das fontes se baseava na sua própria experiência, e na sua memória — quanto mais vivência, mais conheciam;

O peixe é um dos únicos alimentos que dificilmente realça com os vinhos tintos, devido à adstringência. Salvo pratos especiais preparados com tintos.

3 — a única constante era a sensibilidade, o gosto, a relação sensorial experimentada individualmente, tanto mais correta quanto mais sensível o *gourmet* que a vivenciava.

Inconformado com minha pesquisa, passei a analisar mais profundamente as constantes encontradas e buscar alguma lógica que, associada à indiscutível **sensibilidade,** pudesse facilitar o aprendizado dos iniciantes, ou dos que quisessem ser menos empíricos na harmonização dos vinhos com os alimentos.

E foi na França, exatamente na região de Borgonha, que cheguei a estruturar as bases do *modelo* que criei, para trazer alguma transparência e desmitificação a este tema, e que denominei de "triângulo da sensibilidade".

Podemos imaginar um triângulo eqüilátero que possua, em cada um dos seus vértices, uma palavra-chave, cujo significado nos pode levar ao sucesso na tentativa de alcançar o maior prazer, a maior gratificação hedônica possível, quando apreciamos um vinho acompanhado de outro alimento (ver pág. 66).

As palavras-chaves são: **equilíbrio, harmonia** e **realce.** À esquerda o equilíbrio, à direita a harmonização e no vértice superior o realce. Mas o que significa cada uma dessas palavras?

Equilíbrio — o vinho que acompanha um determinado alimento possui o mesmo *peso,* no sentido figurado, a mesma *força,* a mesma *potência* que o alimento com o qual é combinado, como se um e outro fossem colocados em cada um dos pratos de uma balança imaginária, e ela ficasse equilibrada.

Harmonia — o vinho que acompanha determinado alimento se harmoniza com o alimento, combina; é compatível; de mesma **qualidade;** não agride, **não compete nem conflita com o outro.**

Realce — quando um conjunto é mais que a simples soma ou justaposição de um vinho e um alimento; há um **sinergismo,** em que um ajuda o outro a ser ainda melhor e ambos, muito mais ainda.

Um vinho, para combinar com um alimento, precisa harmonizar-se com ele, ser equilibrado com ele, realçá-lo. É claro que o melhor para descobrir se isso acontece é **experimentando,** testando, descobrindo, caso a caso. Mas sempre buscando esses três elementos do **triângulo da sensibilidade,** pois somente os sentidos, a nossa sensibilidade pessoal, são capazes de nos fornecer essas informações.

O leitor pode pensar que vai ter que começar do zero, buscando os equilíbrios, as harmonias e os realces. Mas não é assim. É bem mais fácil começar do que parece. Porque temos alguns pontos de partida, que chamo de **determinantes:** o **corpo** do vinho e sua **relação açúcar/acidez.**

O **corpo** é a substância do vinho, é tudo aquilo que compõe o vinho, sua *roupa* e seu caráter. Os vinhos podem ser mais encorpados, robustos, ou menos encorpados, leves, com todos os estágios intermediários possíveis. O corpo pode ser visto e sentido.

A **relação açúcar/acidez** aparece facilmente nos sabores do vinho, quando o açúcar sobressai ou passa despercebido. O vinho pode ser seco ou *brut, demi-sec* ou meio-seco, suave ou adocicado, ou ainda nitidamente doce.

Basta agora relacionarmos os alimentos com essas categorias de vinhos que irão acompanhar. O equilíbrio em relação ao corpo do vinho e do alimento. A harmonia em função da relação açúcar/acidez de ambos. Explico melhor.

Os alimentos mais fortes, pesados, condimentados equilibram melhor com vinhos robustos, encorpados. Isso é equilíbrio. Os alimentos mais leves, com condimentos mais sutis, equilibram melhor com vinhos de menor corpo, também leves e sutis.

Outro fator de equilíbrio são os **aromas.** Alimentos de aroma intenso pedem também vinhos de intenso aroma. Senão o mais forte ofusca o outro.

Os alimentos salgados, condimentados, sem componentes adocicados, harmonizam melhor com vinhos secos, *brut,* e no máximo *demi-sec* ou meio-secos. Jamais com vinhos doces ou suaves. Os alimentos adocicados (como as sobremesas), os agridoces, harmonizam bem com vinhos suaves, doces ou adocicados. Isso é harmonia.

A **acidez,** em separado, também constitui elemento para a harmonia. Alimentos ácidos vão bem com vinhos ácidos. Um não *mata* o sabor do outro. Não anula o outro.

E o **realce?** O realce é o sinergismo que o conjunto ou a combinação alcançam, **quando são especialmente bem sucedidos.** Isso é algo que só a experiência e o gosto de cada um podem determinar. Embora já existam experiências prévias de sucesso e que se tornaram mais ou menos clássicas, e que podemos conhecer através da literatura. Algumas, não muitas.

A sinergia também pode ser obtida por contrastes, que desconsideram a harmonia, mas não o equilíbrio. *Foie gras* e certos queijos com vinho licoroso doce, sorvete com Champagne *brut,* são exemplos bem conhecidos da cultura francesa.

Mais recentemente escrevi outro artigo sobre o mesmo tema, complementando o do triângulo da sensibilidade. Nele tratei do sabor dos alimentos. Creio que, na verdade, o sabor de um alimento pode depender:

a) do próprio sabor intrínseco da matéria-prima;
b) do sabor acrescentado e reagente dos temperos e condimentos utilizados;
c) do molho e de seus componentes (se houver);
d) do recheio e de seus componentes (se houver);
e) do gosto e das preferências de cada um.

A matéria-prima também depende: se é utilizada *in natura* ou já condimentada, temperada, salgada ou defumada. Existem algumas mais fortes e outras mais sutis. Uma massa, quanto mais pura, mais neutra em relação aos molhos, temperos e recheios que a ela se irão associar. Dizer que massa vai bem com vinho tinto, portanto, é um chute na lua!

Depende se a massa vai ser temperada, recheada, receber molhos tais e quantos, e ela pode resultar em uma massa com sabor extremamente forte e robusto, ou extremamente leve e sutil. E é claro que os vinhos tintos robustos irão melhor (equilíbrio) com as primeiras, e os vinhos brancos leves com as segundas.

O mesmo ocorre com aves criadas em cativeiro, em geral, com a maioria dos peixes, principalmente os de mar, com a vitela, com a carne de porco e mesmo a de gado. O fato de que o mais das vezes se prepara a carne com ingredientes fortes não deve ser creditado a ela, e sim ao preparo. E podemos prepará-la leve, o que hoje está até na moda, com as receitas da culinária *light* e *diet.*

Já alguns peixes, principalmente de rio, e também os bacalhaus — devido a sua forma de preparar, já salgada e forte —, os cabritos e as ovelhas, as aves silvestres, de caça, os mamíferos de caça, costumam ter um maior sabor agregado e natural, que de certa forma influirá no sabor resultante da forma de preparar. Mas mesmo estes podem atenuar as suas características de acordo com o preparo.

Sabor é, portanto, resultante de matéria-prima, temperos, molhos, recheios, forma de preparar e gostos. Quando pensamos em fazer um casamento entre alimentos e vinhos, portanto, temos que pensar no efeito final, no **sabor resultante do alimento,** e não na sua hipotética forma original. Toda a visão que não partir disso já parte de uma falsa visão gastronômica, de um enfoque simplista e deturpado.

Daí serem inócuas, de uma maneira geral, as longas listagens que contemplam os alimentos sem levar em conta esses fatores, como é o caso da velha assertiva: carnes brancas com vinhos brancos, vermelhas com tintos. Já é mais verdade que **a maioria dos peixes pede vinhos brancos,** por causa de uma incompatibilidade natural com os taninos dos tintos.

Por outro lado, se é verdade que a maioria dos vinhos fortes e encorpados, ao menos no Brasil, são os tintos, não devemos esquecer que a cor não tem gosto, pois os pigmentos (antocianinas) não agregam sabor ao alimento. É que, com uma uva tinta, podemos fazer vinhos da cor que quisermos, desde tintos até brancos, passando pelos rosados. E ainda que boa parte do sabor do vinho se deve ao tipo de uva, não à cor.

Existem vinhos brancos robustos envelhecidos em carvalho, principalmente estrangeiros. No Brasil ainda não se usa elaborar vinhos assim, com raras e preciosas exceções. Estes, certamente, fugirão à regra simplista da cor. E vinhos tintos também são feitos jovens, leves e frutados, como a maioria dos brancos, o que constitui o outro lado da moeda.

E por último, mas não com menor importância, não podemos esquecer de satisfazer os gostos das pessoas. E gosto não tem lógica, e sim prática. Por exemplo: quem não aprecia um bom churrasco acompanhado de uma geladérrima cervejinha? Pois eu pergunto: por que não um vinho branco, encorpado e bem gelado? Por que essa discriminação em favor da cerveja?

O famoso Coq au vin, *da Borgonha, representa o realce indiscutível de um tinto com ave de carne branca. Vinho no preparo do alimento, o mesmo vinho à mesa.*

Não é o que fazem os gaúchos — que são os maiores bebedores de vinho no país — quando do causticante clima do verão? Bebem vinho branco gelado com churrasco (80% do vinho vendido nas churrascarias). Está errado? Por quê? Não se trata de um fermentado ácido, como a cerveja? Por que ser obrigado a saborear uma boa carne com um tinto, invariavelmente? Com todo o calor que convida a um branco gelado?

Minha proposta aos leitores, portanto, é que utilizem a sua sensibilidade, informada por seus gostos pessoais, para fazerem harmonizações felizes, ao invés de partir para a memorização ou consulta a extensas e inúteis listas feitas por outras pessoas, provavelmente levando em conta seus próprios gostos e preferências.

O principal realce de sucesso é transmitido por uma norma: "vinho no preparo da comida, vinho à mesa". Creio que é uma norma confiável, pois é provável que se estabeleça o equilíbrio, que se dê a harmonização, e se chegue a um realce considerável.

A sensação de perceber algo de familiar, em gosto e aromas, da comida e do vinho, me parece conveniente. Acho terrível quando se usam vinhos arruinados no preparo e bons vinhos na mesa. Ainda não se conseguiu fazer bom pão com farinha ruim, nem queijo com um mau leite. Não sei por que a matéria-prima vinho seria diferente na culinária. Bons ingredientes, boa comida. Vale também para os vinhos.

Outras idéias relativas aos realces:

a) Os espumantes e o Champagne podem acompanhar toda uma refeição, vindos do aperitivo ao *after dinner?* Sim e não; sim, desde que as comidas ao longo da refeição sejam compatíveis com espumantes. Assim mesmo, deve-se variar o tipo de espumante; por exemplo, *brut* no aperitivo e com as entradas, um mais simples (não safrado), e um mais antigo e encorpado (safrado) com o prato principal. Na sobremesa um *demi-sec* e, no *after dinner,* um *brut* ou *demi-sec.*

b) Vinagre não casa com vinho. Certo, mas não tanto. Se assim for, não poderemos usar mais vinhos com saladas, o que não é verdade. Se o vinagre for discreto, um vinho ácido pode servir. Cada caso é um caso. É claro que com molho vinagrete a coisa já fica mais difícil.

c) Chocolate não casa com vinho. É uma questão de gosto. Chocolate em barra pode ser. Mas um *fondue* de chocolate, por exemplo, é agradável com um vinho branco seco bem gelado. Tenho apreciado algumas centenas.

d) *Sushi* vai bem com champanha. A tese é de Osvaldo Amarante. Afirma o autor: "No verão, e nas meias estações, eu prefiro mais um champanhe (do que saquê, chá verde ou cerveja). À primeira vista pode parecer que não se combinam, tendo em vista a presença de vinagre na sua preparação, além do efeito picante do *wasabi.* Contudo, o champanha possui acidez, sobretudo devido à presença de gás carbônico, o que contrabalança a ação do *sasabi.* Por outro lado, o champanha tem características refrescantes, e limpa o paladar, sendo dessa forma perfeito para acompanhar o *sushi*."

f) Com a sopa ou consomê vai muito bem um Fino Jerez ou Amontillado, sempre bem secos. No filme *A Festa de Babete* isso aparece, acompanhando a sopa de tartaruga. Marcelino de Carvalho e outros *experts* da etiqueta também recomendam.

g) Uma *pizza* pode variar de vinho, não conforme a massa, mas conforme o que lhe for acrescentado por cima, desde vinhos leves e sutis até fortes e encorpados. O crepe também, de acordo com os recheios, inclusive podendo ser acompanhado com vinhos doces ou suaves, quando o recheio for adocicado.

h) O famoso *Coq au vin,* feito com vinho tinto, é invariavelmente acompanhado pelo mesmo tinto que entrou no molho.

i) Os queijos pedem diferentes vinhos, conforme as suas características. Ao contrário dos vinhos, que tendem a ser diferentes em cada região, os queijos são elaborados visando a aproximar a sua tipicidade com o original. Para cada tipo um vinho, dependendo se o queijo é forte, médio ou suave. Nada de servir somente tintos ou rosados. Esta é uma simplificação errônea e em desacordo com o triângulo da sensibilidade. Muitas vezes os brancos vão melhor.

O tema se prestaria a todo um livro se fôssemos analisar ou apresentar os realces bem sucedidos. O leitor certamente recordará vários. De resto, é afastar os temores e experimentar. Informados pela cultura, mas guiados, especialmente, por nossa sensibilidade pessoal, fortemente impregnada por nossas vivências anteriores e preferências pessoais. Sempre levando em conta os gostos e preferências dos nossos convidados. O resto é conversa pra boi dormir...

Quero ainda, antes de dar por encerrado este assunto, trazer alguns depoimentos, para que não pareça que me dedico a uma "cruzada solitária e quixotesca" contra as infindáveis listagens e contra as camisas-de-força que envolvem o casamento de vinhos e comidas.

Bernstein, no já citado *The Official Guide to Wine Snoberry,* se refere assim no que tange aos vinhos com as comidas:

> "Esta tem sido a área clássica do esnobismo do vinho. Você ordena um vinho tinto com a entrada, e alguém na mesa vai discordar. Você ordena um branco com a mesma entrada, e esteja certo de que também haverá alguém para reprovar.
> "Lembre-se disso: nada está certo! Quanto mais regras você tiver sobre que vinho vai com tal alimento, mais você estará tendo um comportamento esnobe."

Mais adiante, o autor abre um capítulo com o título "It's not the food, it's the preparation." Não é o alimento, é a preparação. E conta um diálogo de duas senhoras:

"— E com a vitela? Mandei preparar uma vitela.
"— Vai melhor um branco, recomendo um Chardonnay.
"— Vai bem com vitela?
"— Perfeitamente bem."

E segue o autor o comentário, explicando:

"Esta conversação se repete em milhares de lares da América. Mas a recomendação não está correta. Faltou a explicação de como a vitela está sendo preparada. A preparação, não o alimento, define o vinho."

E para terminar, resumo aqui a opinião de Max Léglise, Diretor da Estação Enológica de Beaune, na Borgonha, e autor do mais festejado livro francês sobre degustação de Grandes Vinhos:

"Não vos preocupeis que eu vou livrá-los de uma lista de vinhos que devam acompanhar tal ou qual prato. A Confrérie des Chevaliers du Tastevin du Chateaux Clos-Vougeot (uma das mais prestigiosas do mundo) estabelece uma só regra única, a seguir — que um vinho servido nunca seja um retrocesso em relação ao precedente.

"Em muitos casos é impossível, de olhos fechados, diferenciar um vinho tinto de um branco. Daí que o clássico confronto vinhos tintos X vinhos brancos não tem sentido. Para mim só se justifica num só caso, o dos peixes.

"As proteínas dos peixes se acomodam mal com o tanino dos vinhos tintos. Fora disso tudo é possível. O acompanhamento de uma caça com um vinho branco é muito agradável. E comum na Alsácia.

"A regra que preside as boas escolhas é muito simples para que todo mundo possa pô-la em prática. A composição da saliva se modifica à medida que vamos ingerindo alimentos com modificação, da sensibilidade dos diferentes sabores. A boca reage mais vivamente à acidez ao longo de uma refeição. E menos ao tanino.

"É o único segredo da boa escolha de vinhos numa refeição: apresentá-los por ordem de acidez decrescente. E que os mais tânicos sejam reservados para o final."

Com as regras de Léglise, um senhor *gourmet* da Borgonha, passo a um novo assunto.

B — DA APRESENTAÇÃO À TEMPERATURA APROPRIADA

"... à présenter les vins aux convives, comme on introduit une personne nouvelle dans une assemblée."

Max Léglise

7. Apresentados de forma conveniente

Antes de servir o vinho, ele deve ser preparado para o consumo, da forma mais adequada, ou ótima. É o *mise-en-place* do vinho que vai da adega ou depósito até o serviço e a retirada dos copos. O francês confere a essa preparação um *status* de arte: "l'art de bien préparer le vin".

Esta preparação pode ser feita à vista dos convivas que dela podem participar, quando são também aficcionados, ou de acordo com as circunstâncias.

Entretanto, muitas vezes a preparação se constitui numa atividade precursora, sendo feita mesmo antes de os convidados chegarem, ou da realização do *mise-en-place* da refeição.

Em que consiste a preparação para servir o vinho? Podemos considerar que esta atividade precursora inclui: levar os vinhos à temperatura ideal, seja por resfriamento, seja por ambientação; a decantação dos tintos que apresentem borra; a abertura da garrafa; o arejamento dos tintos; e a prova pelo anfitriao.

Entretanto, preferimos dividir essas ações em diversas partes que se sucederão a partir desta. Reservamos para o presente item as informações concernentes aos acessórios e equipamentos auxiliares, à localização dos vinhos durante o serviço e às formas de preparar o vinho para servir. Com esse fim, separamos as bebidas em cinco grupos: tintos, brancos, rosados, especiais e destilados de vinho.

a) Tintos

• Os vinhos tintos a serem servidos podem ser apoiados na própria mesa da refeição, sobre um aparador, ou mesa auxiliar.

• A própria garrafa pode ser apoiada naturalmente, na vertical, usando-se uma base ou guardanapo dobrado (forma quadrada), como se fosse uma almofada. O guardanapo serve para recolher ou absorver algumas gotas que possam extravasar após servidos ou repostos os copos, sem macular a toalha da mesa.

• É de bom alvitre que a garrafa fique sempre próxima à mesa de refeições, ou sobre a própria mesa, ao alcance dos convivas. Estes poderão, em ocasiões menos formais, se servir naturalmente. Da mesma forma poderão tomar a garrafa em suas mãos para verificar detalhes no rótulo, como safra, marca e tipo, ou tecer comentários, o que é habitual entre os amantes do produto.

• Quando decantados (vinhos com borra), da mesma forma que a garrafa, apóia-se a jarra (*decanter, carafe*). Neste caso o anfitrião explicará aos convidados que decantou o vinho e prestará os esclarecimentos necessários ou do seu interesse. Em muitas situações, e quando os convivas apreciarem, a decantação será feita na hora, em presença dos mesmos. Neste caso pode ser feita em uma mesa auxiliar, próxima à da refeição, ou na própria mesa principal. Nos casos de vinhos decantados, a garrafa vazia, ou com os restos de borra, permanece também apoiada sobre a mesa (principal ou auxiliar), sobre uma base ou guardanapo dobrado, para que os convidados possam examiná-la.

- Vinhos maduros e pouco envelhecidos, em que a borra não é excessiva, estando num estágio inicial de sua formação, e não sendo necessário decantar, devem ser servidos num acessório, que se constitui em cestos ou suportes com alça, que mantêm a garrafa deitada. Existem suportes de todos os *designs* para este fim. E podemos utilizá-los para todos os tintos, mesmo quando não apresentam qualquer vestígio de borra. Neste caso o suporte servirá apenas para facilitar o servirço dos copos.
- Os vinhos tintos jovens e frutados, como a maioria dos brasileiros, e os Beaujolais franceses, entre muitos outros, não devem vir à mesa inclinados ou deitados no suporte ou cesto. Tratar-se-ia de um ato impensado e inútil, que demonstraria o pouco conhecimento do anfitrião a respeito. Estes vinhos poderão ser mesmo refrescados e não há então como usar o equipamento.
- Quando o vinho deve ser ambientado (*chambré*), para subir a temperatura, deve vir à sala com a antecedência necessária. Da mesma forma, quando for arejado (abertura com antecedência), também deve permanecer aberto na sala. Depois de aberto, o vinho só sai da sala ao término do serviço. De preferência o vinho não sai, só a garrafa...
- Vinhos tintos podem ter sido guardados de forma inadequada, por falta de uma adega ou depósito de temperatura baixa. Neste caso, deverão ser refrescados, mesmo sendo maduros e envelhecidos, para chegarem à temperatura ideal.
- Em climas quentes, sempre é preferível que um vinho seja mais gelado ou refrescado do que deveria ser, ao invés de vir à mesa mais quente do que desejável, ao contrário do que afirma a etiqueta convencional, pois o copo e o ambiente logo se encarregarão de aumentar sua temperatura. É uma questão de minutos. Como recomendam os franceses: "Il est toujours préférable de servir un vin trop frais que pas assez, car il se réchauffe rapidement dans le verre".
- Os jovens e frutados podem ser sempre refrescados, dependendo tão-somente do gosto e das preferências dos convivas. Para

refrescar os vinhos tintos usam-se os mesmos acessórios que se usam para os brancos e rosados.

• Quero aproveitar para falar do grande tabu que é sintetizado na máxima "vinho tinto se bebe a temperatura-ambiente". E de como esta norma foi criada na Europa, num clima bem diferente do nosso, para vinhos diferentes dos nossos. E também diferentes dos vinhos novos e jovens, que constituem uma tendência moderna da vinicultura mundial.

A **temperatura-ambiente** em questão significa entre 15 e 18 graus centígrados. E isso, em qualquer parte do mundo, é *fresco*, uma temperatura muito próxima da adega ideal.

Portanto, se estamos num local em que o ambiente se acha a 28 graus ou mesmo mais, como é comum entre nós, devemos necessariamente, obrigatoriamente, invariavelmente, baixar a temperatura do vinho, pelo menos para os 15 a 18 graus recomendados pelos *gourmets* europeus.

Não fazer isso é grosseria com os convivas, que terão de beber *quentão* ou *vinho quente*. O vinho tinto em temperatura elevada perde em sabor, da mesma forma que o excessivamente gelado.

• Costuma-se deixar sempre um guardanapo à mão, junto à garrafa de vinho tinto, para que quando seja feito o serviço não haja surpresas. Pode-se inclusive *vestir* a garrafa de tinto com um guardanapo, desde que o rótulo permaneça visível. Muitos restaurantes teimam em cobrir o rótulo, o que é deveras lamentável, pois os clientes têm o direito de ficar admirando-o. Especialmente no caso de um vinho excepcional ou de safra extraordinária.

Deve-se usar, quando assim for desejado, o guardanapo apenas como uma *capa*, cobrindo a parte posterior da garrafa, amarrado ou preso no pescoço da garrafa, deixando sempre à vista o rótulo.

Também pode ser usado um guardanapo pequeno, ou um anel feito com esta finalidade, para amarrar em volta do pescoço da garrafa e evitar que pingos desçam pela sua lateral.

b) Brancos

• Os vinhos brancos, ao contrário dos tintos, nunca são arejados, nem decantados, nem ambientados. A abertura da garrafa é feita sempre na hora de servir.

• Geralmente são servidos refrigerados ou gelados, de acordo com a idade, com as suas características e com o gosto dos convivas.

O recipiente isotérmico é o melhor de todos. Serve para conservar a temperatura do vinho conseguida na preparação. Evita que o ambiente modifique rapidamente essa temperatura. Muito melhor do que esquipamentos e baldes de gelo, que esfriam cada vez mais o vinho, fazendo-o passar do ponto.

Para tal fim usa-se simplesmente o refrigerador normal ou o frízer especial para bebidas (temperatura controlada). No refrigerador, os vinhos devem ser colocados ou guardados na parte inferior, próximo aos legumes, região menos fria do equipamento.

Guardar na porta só os vinhos em serviço, pois a porta vive sendo aberta e fechada e constitui o lugar mais vulnerável, em variações de temperatura, de todo o refrigerador. E a oscilação de temperatura não faz bem aos vinhos.

O balde de gelo ou caçamba e os acessórios, tais como baldes térmicos, isotérmicos e *gelare*, devem ser usados apenas para conservar a temperatura dos vinhos, depois de gelados ou refrescados. Por isso o ideal é o balde ou recipiente isotérmico. Melhor ainda quando é transparente e não impede a visualização do rótulo.

Nunca use sal de cozinha sobre o gelo na caçamba, para aumentar a velocidade de resfriamento, pois termina escapando alguma gota para o gargalo da garrafa, e seus convidados tomarão vinho salgado...

• Nada nos impede de usar equipamentos tipo balde ou *gelare* também para resfriar ou gelar o vinho. Mas a tendência desses acessórios é continuar, mais e mais, gelando o vinho, passando do ponto. Por isso, uma vez conseguida a temperatura adequada, o ideal seria um recipiente isotérmico, só para manter a temperatura. No caso da caçamba, pode ser com água resfriada ou gelada, sem gelo.

• Não esquecer nunca um fato deveras importante. O vinho aumenta a sua temperatura, em ambientes que estão a temperatura mais elevada do que o líquido, à medida que o tempo passa (ar). E o copo geralmente está a temperatura bem mais elevada do que a do vinho. Por isso é preciso prever este aumento automático da temperatura, e preparar os vinhos pelo menos 4 graus abaixo do desejável, para lograr apreciá-los na temperatura correta.

• Outra forma de ter os vinhos já na temperatura ideal de serviço são as adegas climatizadas com gabinete fechado. Vários tipos e modelos podem ser importados e alguns já são fabricados no país. Aí o rito do preparo se modifica, pois o vinho é levado à mesa na hora de servir.

Neste caso a adega é uma espécie de refrigerador com três temperaturas, uma para os brancos, outra para os rosados e intermediários (tintos jovens e brancos muito encorpados ou envelhecidos) e tintos maduros e envelhecidos, controladas por reostatos. Basta retirar o vinho da adega exatamente na hora de servi-lo. A não ser quando vamos arejá-lo ou decantá-lo.

• Uma das idéias mais consagradas é a de que o vinho e especialmente os Champagnes e espumantes deverão obrigatoriamente ser gelados nos baldinhos, não podendo ser usado refrigerador.

Não há nada de errado com o refrigerador, desde que observados os cuidados antes referidos. Nem ele resfria rápido demais. Ao contrário, é preciso mais de uma hora de refrigerador, geralmente duas, para gelar um vinho. No balde isso ocorre bem mais ligeiro, por volta dos 20 a 30 minutos, com a desvantagem de que o resfriamento se faz de baixo para cima, na garrafa, pois o líquido quente sobrenada. E teremos que esperar até que toda a garrafa se ache resfriada. Ou agitá-la, o que não é recomendável. Muito menos girá-la entre as mãos, como fazem alguns restaurantes.

Isso sem falar nos pingos e respingos do vinho resfriado na caçamba...

Nas visitas técnicas que fizemos aos grandes produtores de Champagne, na França, fomos sempre servidos com espumantes recém-tirados do refrigerador.

• Como os vinhos brancos são servidos de preferência gelados, as garrafas e os rótulos se apresentam molhados. E as garrafas são depositadas na mesa ou de preferência num aparador ou mesa auxiliar, dentro do balde ou recipiente, que mantém a refrigeração.

O auto-serviço dos copos não é incentivado (o que acontece nos tintos) devido aos acidentes ou à inabilidade de alguns, que terminam pingando água na mesa ou nas pessoas.

O guardanapo é ainda mais vital para enxugar e segurar a garrafa. Nos tintos segura-se a garrafa com a mão. Nos brancos isso deve ser feito segurando-se a garrafa envolvida com um guardanapo. Também pode ser servida, depois de bem enxugada, com a mão.

• Para retirar a garrafa do balde, primeiro segura-se a garrafa pelo pescoço. Deixa-se escorrer a água, no caso do balde de gelo, e depois é que se envolve a garrafa com o guardanapo. No caso de recipientes menos úmidos e isotérmicos, pode-se segurar a garrafa com a mão. Poder pode... Mas não deve, como diria Bárbara Virgínia. O mais indicado e elegante é sempre usar o guardanapo para segurar a garrafa.

Após servir os copos, deixa-se o guardanapo sobre o balde dobrado, de prontidão para a próxima rodada. Usa-se também colocar o guardanapo sobre o pescoço da garrafa, na caçamba. Entretanto, se for possível deixar o rótulo à mostra, isto deve ser feito.

• A preparação dos espumantes, Champagnes e champanhas é, em tudo, correspondente aos brancos, mesmo quando são rosados ou tintos. Entretanto, um fato é facilmente verificado. É mais fácil abrir um Champagne que foi gelado numa caçamba do que no refrigerador. Isso se deve a que a rolha de cortiça, ao gelar, fica *empedrada,* extremamente dura, criando dificuldades na hora de ser extraída manualmente.

No balde ou equipamento que gela a garrafa isso não acontece e é mais fácil de abrir o espumante. Entretanto, existem alicates especiais, e abridores tipo alavanca, que obtêm ótimos resultados, mesmo quando a rolha está gelada.

• Muitas pessoas consideram verdadeira heresia colocar uma pedra de gelo no vinho branco, quando não há outra solução para resfriá-lo, ou ele esquentou no copo. Se você fizer isso, encontrará gente que tem verdadeiros *chiliques,* justificando-os com a afirmativa de que o gelo desestrutura o vinho, arruinando-o. Eu pessoalmente acho muita graça disso.

As mesmas pessoas que condenam e têm crises histéricas quando se coloca uma pedra de gelo no vinho tomam um legítimo *scotch* de primeira linha cheio de pedras de gelo. Se é verdade que o gelo desestrutura o vinho, não é menos verdade que ele desestrutura também o uísque? E por que então aí pode? Onde estão os *chiliques* dos puristas?

Um escocês não bebe *scotch* com gelo, e sim puro, ou com algumas gotas de água. Quem começou a botar pedras de gelo no uísque, *on the rocks,* foram os americanos. Eles são sobretudo práticos. O mundo atual é prático.

Quando colocamos uma pedra de gelo no vinho branco jovem e frutado, como são quase todos os nacionais e grande parte dos estrangeiros, nada mais estamos fazendo do que: a) baixando sua temperatura; b) diluindo-o em água. A única proporcionalidade da estrutura que se modifica, em relação aos demais componentes, e uniformemente, é a água. Não é nenhum pecado. Ainda que fosse muito melhor não fazê-lo. Mas tomar vinho branco quente é dose...

Agora, há Vinhos e vinhos. Um Grande Vinho, branco, amadurecido em carvalho e envelhecido, não deve nunca ser vítima de uma pedra de gelo. Se queremos refrescá-lo, levemos de volta ao refrigerador, mesmo que seja no próprio copo. Pois aí trata-se de interferir na diluição de uma verdadeira obra de arte. E para curti-la não podemos ser apressados. Paciência.

Por seu lado, outros prestigiados vinhos brancos, como o Sauternes, por exemplo, sabem melhor ao paladar quando refrescados ou gelados. Cada caso é um caso. O Porto branco seco ou *medium dry* é um exemplo, segundo o recomendado pelo próprio Solar do Vinho do Porto, in *Vinho do Porto — Como e Quando Servir:* "Os brancos, secos ou extra-secos, são excelente aperitivo em temperatura natural, frio, ou mesmo com uma pedra de gelo".

• Agora, referentemente aos espumantes e Champagnes, já o gelo pode ser sempre desrecomendado. Mesmo em tratando-se de nacionais, ou vinhos mais jovens. Porque o gás, aumentada a diluição, fica insuficiente para manter a característica predominante do vinho, que é a espuma ou gás, por volume.

• Mas tudo isso depende também de outro fator. Em etiqueta respeitamos os hábitos dos nossos convidados. Se eles desejarem colocar uma pedra de gelo no vinho, é um problema do gosto deles. Não temos nada com isso nem podemos nos escandalizar. Certamente eles não serão sacrílegos, ao menos por isso. A não ser que se trate de um Grande Vinho. Neste caso o erro ainda não é dos convidados, e sim nosso, em oferecer-lhes tal bebida.

c) Rosados

• Os vinhos rosados se comportam, alternativamente, ou como brancos encorpados ou como tintos leves, jovens e frutados. Por isso poderemos proceder, em cada caso, conforme o recomendado para esses vinhos. O mais das vezes a preparação para os rosados corresponde à dos brancos. Mas nem todos.

• Existem rosados bem leves, jovens e frutados, que são primos-irmãos dos brancos mais encorpados. Mas existem também grandes rosados, especialmente na França, em Provence, no vale do Loire, na Alsácia, na Côtes-du-Rhône e em Aube. E também rosados que são quase tintos leves ou ligeiros, mas indiscutivelmente primos-irmãos dos tintos. Neste caso, o procedimento é mais semelhante ao preparo dos tintos. Cada caso é um caso.

d) Vinhos especiais

• Por especiais entendemos os vinhos diferenciados, quer pelo processo de elaboração, quer pela matéria-prima utilizada. Podemos dividi-los ao menos em quatro grupos: a) os botritizados, isto é, os afetados pelo fungo *Botrytis cinerea,* de médio teor alcoólico; b) os fortificados ou generosos, com teor alcoólico maior; c) os elaborados em *soleras,* com teor alcoólico médio; d) os vinhos elaborados com uva em passa, e outros, com teor alcoólico menor.

a) Botritizados: Sauternes (França), Tokay (Hungria), Beerenauslese (Alemanha).

b) Fortificados ou generosos: Porto, Madeira (Portugal), Constantia (Africa do Sul), Vermute (mundial).

c) Elaborados em *soleras:* Jerez (Espanha).

d) Elaborados com uva em passa e outros processos: Vin de Paille (França), Vino Passito, Vinsanto (Itália). E mais o Marsala (Itália), Málaga (Espanha), Moscatel de Setúbal (Portugal), Vin Jaunes (França), Vinho Verde (Portugal).

• Os únicos dos vinhos citados que obedecem a todas as regras de preparação dos vinhos de mesa são os vinhos Verdes. Os demais têm alguns ritos ou condições diferenciadas.

Em primeiro lugar, referentemente ao álcool, quanto maior o teor alcoólico menor a quantidade de vinho servido. Por isso os copos são menores. As porções servidas também.

Existem copos especiais que mostramos na parte referente ao tema. Quanto à temperatura, como regra geral podemos dizer que é tanto menor quanto mais doce é o vinho. Os s cos podem até ser servidos a temperatura-ambiente (15 a 18 graus).

Em segundo lugar, embora não seja uma regra geral, muitos dos vinhos especiais que relacionamos atravessam muitos anos, são vinhos de guarda, alguns centenários. Por isso podem apresentar borras que devem ser eliminadas ou evitadas, conforme as quantidades.

• Muitos, especialmente os generosos, como Porto muito envelhecido, *vintage,* devem ser decantados. E servidos a temperatura-ambiente. Já um Porto Ruby ou Tawny, ou ainda com 10 ou 20 anos de envelhecimento, podem ser servidos frios e não são decantados.

Se o leitor não concordar em resfriar um Porto com 20 anos, reclame do Solar e do Instituto do Vinho do Porto. Não de mim.

• Aos vinhos que cabe resfriar ou gelar, mesmo sendo tintos, aplicam-se as regras de preparação dos brancos. Aos vinhos que cabe servir *chambré,* as dos tintos.

Quando a sala está fresca, os vinhos que são servidos ambientados (15 a 18 graus) podem nela ser colocados com antecedência, com os respectivos copos.

• No caso de se querer evitar que o vinho suba a sua temperatura muito depressa, devido ao calor reinante — aprendi no Porto — colocam-se os copos no frízer. E aí os copos não esquentam e até dão uma sutil e auspiciosa refrescada no vinho neles servido.

O mesmo efeito se consegue colocando gelo no copo por cerca de cinco minutos, como se faz nos coquetéis, e retirando-os na hora de servir o vinho.

e) Todos os vinhos

Há uma diferença básica e fundamental no rito da preparação dos Grandes Vinhos, dos vinhos de qualidade superior e dos vinhos de consumo corrente. Os cuidados redobram para os vinhos de maior qualidade e de maior idade. E certas normas se tornam mais inflexíveis, o que não ocorre nos vinhos de uso corrente.

• Os vinhos jovens, leves e frutados, seja qual for sua cor e nacionalidade, permitem muito mais flexibilidade no cumprimento de normas. Nunca é demais lembrar que a quase totalidade do vinho brasileiro e muitos (a maioria) dos estrangeiros se enquadram nesta categoria. E podemos e devemos ser flexíveis em relação à preparação desses vinhos. E fazer concessões.

• Já em relação aos vinhos amadurecidos e envelhecidos, sejam eles da cor e nacionalidade que forem, o nosso rigor no seguimento dos preceitos deve ser maior. Tratam-se desigualmente vinhos desiguais.

Os tintos que devem ser servidos chambré, *e de certa idade, vem à mesa ou à sala em suportes ou cestinhos que os mantêm inclinados, para não revolver as borras.*

• Existem bons vinhos maduros, com maior ou menor envelhecimento, principalmente na Europa. A Comunidade Econômica Européia uniformizou os padrões de qualidade de seus vinhos, dividindo-os em dois grupos: os vinhos de mesa, que constituem a maioria, cerca de 70%, e que podem ser preparados da mesma forma e com as mesmas concessões que os brasileiros. A maioria dos vinhos sul-americanos, argentinos e chilenos, e dos norte-americanos, se enquadram neste caso.

Isso quer dizer que, em relação à imensa maioria dos vinhos de todo o mundo, podemos e devemos fazer certas concessões na preparação para servir e na forma de apreciar. De um modo geral, isso vale para 80% dos vinhos disponíveis no mercado.

• Mas também existem os vinhos de maior qualidade, amadurecidos ou envelhecidos. A estes devemos dedicar maior atenção no preparo e apresentação. Enquadram-se na categoria superior os europeus com Denominação de Origem Controlada, DOC ou AOC, *Appellation d'Origine Controllée.* Apenas 30% dos vinhos europeus possuem qualidade superior. A estes vinhos devemos consignar uma maior preocupação com o preparo, de acordo com sua idade, qualidade, tipicidade e raridade.

Também encontramos vinhos de categoria equivalente, amadurecidos e com potencialidade para envelhecer, entre os norte-americanos, chilenos, argentinos, sul-africanos e australianos. E, bissextamente, entre os brasileiros. O forte dos vinhos nacionais não são os tintos e brancos maduros, mas sim os brancos jovens e os espumantes.

• Há ainda outra categoria de vinhos que se situa entre as *obras de arte*. Com uma *obra de arte*, com um Grande Vinho, amadurecido e envelhecido, seja qual for sua cor, devemos apropriar o valor cultural da apreciação de uma verdadeira preciosidade hedônica. Nossos gostos pessoais, e o de nossos convivas, não devem macular a sua perfeição. E devemos buscar o melhor para a apreciação do vinho, reservando-o para ocasiões e convivas que estejam à sua altura, nos nossos corações.

Não se pensará em fazer concessões à preparação adequada de boas safras de um bom vinho francês, como os Château de Bordeaux, Pétrus, d'Yquem, Latour, Margaux, Haut-Brion, Lafite, Mouton-Rotshild, Cheval Blanc, Palmer ou Lynch-Bages. Da mesma forma um Borgonha Romanée-Conti, Clos Vougeot, Puligny-Montrachet, Chambole-Musigny ou Gevrey-Chambertin. Um grande Maconnais, Chablis, Gewürztraminer ou Riesling da Alsácia, Moulin-à-Vent e Chiroubles de Beaujolais, ou um fantástico Champagne *millésimé*.

Nem a um vinho português que leve a denominação das Bairradas, um Barca Velha, um Dão, Quinta da Bacalhoa, um José de Souza. Um Porto *vintage* ou garrafeira. Um espanhol Vega Sicilia, Reserva Torres, um Beronia Reserva. Um italiano Brunello di Montalcino, Vernaccia di San Gimignano, Sassicaia, Tereldego Rotaliano, Nebbiolo d'Alba, um Barolo, Flacianello delle Piave, Albana di Romagna, Barbaresco, Chianti Classico. Um alemão que leve a classificação de Auslese, Trokenbeerenauslese ou Eiswein. E assim por diante.

• Quando o vinho vai ser servido fora da refeição, nas diversas ocasiões que se oferecerem (recebendo amigos, brinde, *after dinner*), o vinho deve ser apoiado em uma mesa próxima dos convidados, pelas mesmas razões anteriormente expostas.

Da mesma forma usa-se o guardanapo ou base para apoio da garrafa ou da jarra. Nesse caso, entretanto, não podemos esquecer um detalhe muito importante e muitíssimo esquecido. Os vinhos derramam, gotejam e nos marcam os lábios. Por isso devemos sempre ter à mão e oferecer guardanapos.

• Quando servimos um copo a pessoas em coquetéis ou festas, juntamente com o copo de vinho deve sempre vir um guardanapo, naturalmente alcançado, encostado na base inferior do copo (por baixo).

Constitui uma insuspeita grosseria deixar os convidados se lambusarem ou mancharem por falta ou esquecimento de guardanapos Mesmo nos vinhos de brinde ou de honra, como os clássicos Porto e Champagne.

É mais fino usar guardanapos (pequenos) de tecido. Mas é mais prático, de acordo com as circunstâncias, o uso de guardanapos de papel de qualidade. Vinhos de primeira não combinam com guardanapos de terceira.

• No caso de festas, recepções e coquetéis, a garrafa deve vir à sala em que estão os convidados, sobre uma bandeja, guarnecida com toalha ou guardanapo. Sobre a bandeja estarão também depositados os copos rigorosamente limpos.

Quem for servir toma a garrafa com a mão e serve os copos. Serão servidos os copos, um a um, na bandeja, frente a cada convidado, e estes então os irão pegando, junto com o guardanapo.

Nos encontros informais a garrafa e os copos permanecem na bandeja, trazida à sala, depositada em uma mesa central ou bem próxima dos convivas. A partir daí eles se servem livremente. Não esquecer um porta-guardanapos.

• Desde Marcelino de Carvalho que uma recomendação é feita aos anfitriões: nunca servir bebidas alcoólicas, inclusive o vinho, de *barriga vazia*. Apresentar sempre alguns canapés, torradinhas ou castanhas, acepipes, para evitar que o álcool *pegue* logo nas pessoas.

Os acepipes devem vir junto com as bebidas ou antes, nunca depois, pois um eventual atraso poderá causar estragos ao humor da festa, por excesso de efeitos do álcool no estômago vazio. Nunca é demais lembrar que o álcool é assimilado quase que instantaneamente, passando à corrente sangüínea. Desde a cavidade bucal até o estômago seus efeitos são sentidos rapidamente.

Quando for o caso de apreciar um vinho recebendo amigos, os pães, castanhas e principalmente queijos vão extraordinariamente bem. Receber bem com vinhos geralmente subentende queijos. Daí as festas ou mesas de queijos e vinhos.

• No caso do Champagne, um acompanhamento que foi difundido pelo filme *Uma Linda Mulher* é o dos morangos frescos. Não só os morangos vão bem com o champanha, mas também maçãs, pêssegos, figos e assim por diante. Uma cereja no fundo de uma flauta de Champagne, *brut* ou *demi-sec*, tem o seu valor decorativo e apreciativo. Champagnes também vão admiravelmente bem com queijos.

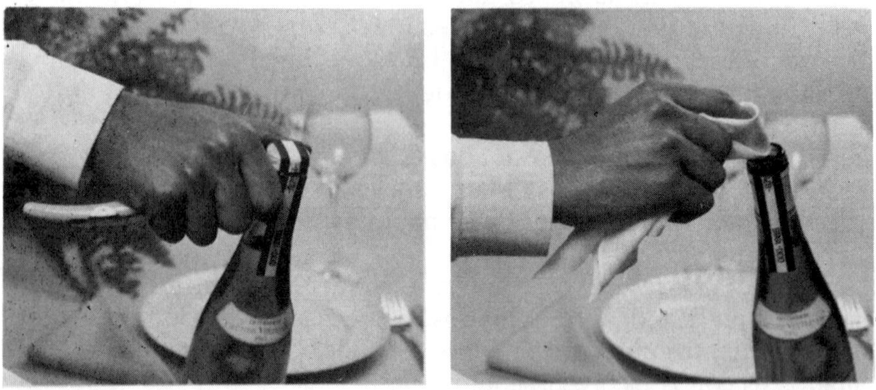

Dois momentos importantes do serviço: o corte da cápsula abaixo do ressalto e a limpeza da boca da garrafa com um guardanapo.

• Os vinhos especiais possuem ritos diferenciados, cada tipo diferente do outro, na preparação do vinho para a apreciação. Há toda uma literatura relativa a cada um deles. São coisas que só se aprendem com o tempo. Com leitura, experiência e viagens.

Os vermutes também se prestam para receber cerejas (doce) ou azeitonas no copo (seco). Função decorativa, mas também apreciativa.

Entretanto, queremos reforçar a idéia de que todas essas ações têm um caráter de atenção, gentileza e cortesia para com os convidados. São muito mais etiquetas hedônicas do que técnicas. E dependem, muitas delas, de opiniões pessoais, fruto da sensibilidade de cada um.

Porém, erros grosseiros, má preparação, ou a simples ausência da preparação do vinho a servir, poderão torná-lo impotável, como é o caso de um vinho com depósito e que não seja decantado. Ou então mascarar a sensibilidade, evitando que nossos convidados possam perceber todas as qualidades do vinho.

8. Abertos de forma correta

A abertura da garrafa, na forma correta, é uma técnica do serviço de vinhos. Não se trata de gentileza ou cortesia, mas sim de abrir o vinho evitando arruiná-lo, para poder servir corretamente.

Mas uma boa etiqueta sempre inclui os serviços convenientemente realizados, para que a apreciação resultante seja a melhor possível. Não se admite receber bem com uma forma incorreta e ruinosa de abrir a garrafa da bebida. Embora os convivas talvez nem se dessem conta; contudo seria uma desconsideração aos mesmos por parte dos anfitriões.

Nos restaurantes isso também é essencial. Embora, muitas vezes, e infelizmente, os garçons façam uma desastrada abertura da garrafa.

Vejamos como ela deve ser corretamente aberta. Façamos uma seqüência:

Abrir o vinho, retirando a rolha, é um processo que demanda cuidado, atenção e certa habilidade. A rolha deve sair inteira, preservada, e nos dá informações preciosas sobre o conteúdo da garrafa e seu grau de sanidade potencial.

a) **Corte da cápsula** — A cápsula, quando de estanho, chumbo, plástico ou papel, deve ser cortada logo **abaixo** do ressalto ou colarinho em relevo que toda garrafa de vinho possui. Isso se faz com uma faca ou canivete, girando-o em torno da garrafa e fazendo a volta completa. **Não girar a garrafa** e sim o objeto cortante! Alguns abridores possuem superfícies cortantes, de diversas formas. Nunca cortar a cápsula acima do ressalto ou no meio do mesmo, como gostam de fazer muitos garçons. Jamais a *tampinha*, que é levantada e baixada durante o serviço (p.88).

b) **Retirada da cápsula** — Uma vez feito o corte, retirar cuidadosamente a cápsula e limpar a ponta da garrafa com um guardanapo. Resíduos de chumbo, mofos e fragmentos devem ser retirados para que não caiam no líquido, ao ser inclinada a garrafa no serviço.

c) **Retirada da rolha** — Usando o saca-rolhas de sua preferência (há uma imensa variedade de acessórios para este fim), retire a rolha, de preferência inteira e sem violência. Use saca-rolhas que trabalham com pouco esforço, para evitar o *soco*. Caso a rolha não

Diversos tipos de abridores de garrafas de vinhos. Cada um tem o de sua preferência. Mas se trata de um equipamento essencial. Por sua causa muitos bons momentos são às vezes arruinados.

saia ou se fragmente, cuide para que não caiam pedaços de rolha no vinho. Em caso de rolhas que afundam e entram na garrafa, existem acessórios especiais para retirá-las. Não tendo esses acessórios, não há como não conviver com o problema. Será mais gentil substituir a garrafa, deixando aquela para consumo familiar.

d) **Limpeza** — Após retirada a rolha, limpe novamente a garrafa, agora na parte de cima (gargalo) e por dentro (1 ou 2 cm), com o guardanapo. Se tiver que conviver com fragmentos de rolha que caíram no líquido, ele deverá ser filtrado, em filtros de decantação (especiais) ou num guardanapo velho de linho, sendo passado todo o conteúdo da garrafa para uma jarra ou *decanter*. Não se deve usar algodão, pois podem ficar fiapos. Usar um funil ou coador como suporte. Esta operação deve ser feita fora da mesa, em mesa auxiliar ou na copa, longe da vista dos convidados, salvo em se tratando de aficcionados.

• Quanto aos espumantes, entre os quais o Champagne e os champanhas, a abertura apresenta certas peculiaridades que convém referir. A rolha resiste a grande pressão. É especial e composta de uma parte de cortiça maciça e uma com camadas superpostas. Tem também uma gaiola de arame protegendo a rolha, por baixo da cápsula.

Em primeiro lugar, corta-se e retira-se a cápsula, na parte picotada. Depois desenrola-se a gaiola no anel próprio para este fim. A seguir convém afrouxar a gaiola, movendo-a circularmente. Retirada a gaiola, pode-se utilizar um alicate ou abridor de alavanca para a extração. Ou fazê-lo manualmente, segurando a garrafa numa mão e, com a outra, apertando e forçando lentamente a rolha, entre o polegar e o indicador.

Estourar o espumante fica para dias ou ocasiões de festa. Normalmente a rolha deve ser retirada com discrição e elegância, lentamente, *abafando o estouro.* Mas para brindar, convenhamos que a abertura fica pobre...

Os destilados têm sistemas de tampas e vedação equivalentes ao do uísque. Basta romper a cápsula e o selo com um canivete e girar a tampa, que costuma ser rosqueada.

Concluída a operação de abertura da garrafa e de desarrolhamento, passa-se à prova do vinho pelo anfitrião.

9. Com limpidez adequada

Os vinhos podem apresentar borras ou depósitos sadios, quando estes se depositam no fundo ou lateral das garrafas, ficando o restante do vinho límpido. Neste caso não se trata de doença ou defeito, mas sim de um fenômeno normal de deposição de polifenóis (taninos e matérias corantes), pela passagem do tempo. Ou de tartaratos, por ausência ou uma mal feita estabilização do vinho a frio.

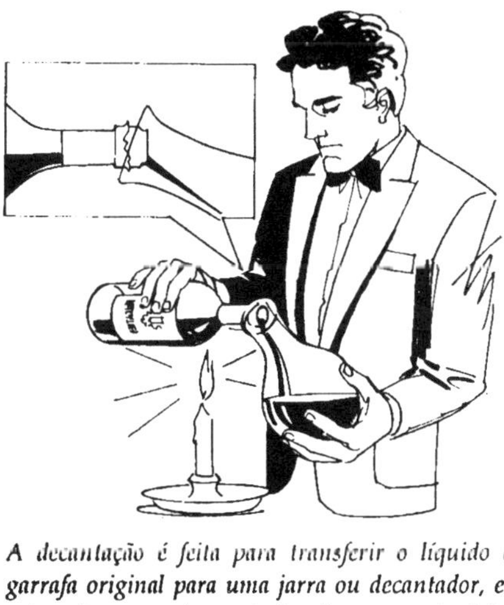

A decantação é feita para transferir o líquido da garrafa original para uma jarra ou decantador, eliminando-se o mais possível as borras ou depósitos. Decantar é um rito maravilhoso, reservado aos grandes vinhos antigos ou envelhecidos.

Nesse caso pode ser feita a decantação. Os vinhos muito antigos e que apresentarem borras, como Portos e velhos tintos franceses, espanhóis ou italianos, devem ser decantados, pois as borras não devem ser levadas aos copos, nem ser consumidas, já que podem causar indisposição ou prisão de ventre (taninos).

Não há justificativa para a decantação ser realizada em

todos os vinhos tintos, mesmo os não envelhecidos, e que não apresentem borras, como o fazem alguns restaurantes brasileiros, apenas por *marketing*.

Em todos os casos, a decantação é geralmente feita fora da mesa dos convivas. Na copa ou, quando na sala, num aparador ou mesa auxiliar. Entretanto, os grandes amantes do vinho e seus ritualistas podem também decantar à mesa, com a assistência dos interessados convivas.

Antes de decantar a garrafa, que certamente se encontrava deitada, deve esta ser posta em pé, verticalizada, para que as borras caiam para o fundo. Isso pode ser feito, de acordo com as opiniões vigentes, entre 24 horas e 1 ou 2 horas antes da decantação.

Vejamos no que consiste a decantação. Ela consiste basicamente na transferência do líquido da garrafa original para outro recipiente, até quase o final. Não é possível transferir tudo. No fundo da garrafa ficarão as borras e um pouco de vinho (um ou dois dedos).

O recipiente pode ser uma jarra, se o vinho vai ser todo consumido de imediato, ou uma garrafa transparente, com a boca estreita, semelhante a uma licoreira, e que tenha uma tampa de vidro (melhor se for esmerilhado), no caso de o vinho não ser todo consumido de imediato. É o *decanter* ou *carafe*.

Usa-se uma fonte luminosa para melhor observar as borras. Esta pode ser uma vela, uma lanterna ou um *laser*. Inicialmente segura-se firmemente, com a mão direita, a garrafa a ser decantada, e com a esquerda o *decanter*, encaixando suas bocas, ambos inclinados. O decantador um pouco mais na vertical.

Ao centro e embaixo terá sido colocada fonte luminosa, de forma a que seu feixe seja dirigido ao pescoço da garrafa. O importante é: a) manter as mãos firmes; b) derramar o líquido num gesto regular e contínuo, retardando ao máximo a mistura do depósito com o vinho límpido; c) interromper sempre que o vinho começar a turvar, ou aparecerem borras no pescoço.

A hora de parar é sempre que comece a aparecer um vinho mais turvo, ou a luminosidade mostre filamentos ou grânulos de borra no pescoço da garrafa. E então, interromper a decantação por 15 minutos, deixando que as borras voltem a se acomodar no fundo da garrafa. Enquanto isso, pode-se começar a servir o vinho do decantador, após degustado pelo anfitrião e devidamente aprovado.

Existe uma corrente entre os conhecedores que é a de não transferir o vinho, mesmo com borras, de recipiente, porque a decan-

Na ilustração, uma verdadeira máquina *de servir vinho sem revolver as borras, por sistema de roldanas e alavanca. A garrafa se inclina milimetricamente enquanto se observa se filamentos ou grãos surgem junto ao gargalo.*

tação oferece certos riscos, inclusive o de arruinar o vinho, quando mal realizada. Neste caso eles não são decantados. São servidos da própria garrafa, que não foi verticalizada. Veio deitada desde a adega até a mesa, num cesto ou suporte.

Serve-se o vinho com todo o cuidado, com ou sem o auxílio da fonte luminosa, parando sempre por alguns minutos, cada vez que o vinho comece a turvar. Existem equipamentos especiais para este serviço, um sistema mecânico elementar que inclina minimamente a garrafa, para servir.

Uma vez decantado, o vinho de mesa deve ser consumido nas próximas 24 horas. Já os vinhos fortificados, como o Porto, podem resistir alguns dias. Somente alguns dias. Mas são, inegavelmente, melhores, no primeiro dia.

Quando os depósitos constatados não se separarem dos vinhos, mantendo-se suspensos, prejudicando completamente a limpidez do vinho, ou quando o vinho se apresenta velado, não há necessidade de decantar, pois os vinhos estão arruinados, seu corpo foi destruído por agentes microbiológicos, que afetaram sua estrutura; impróprios para o consumo.

10. Arejados (tintos)

Os vinhos tintos podem ser arejados antes de serem servidos. Somente os tintos. Nunca os brancos. Isto se faz, normalmente, abrindo a garrafa e deixando-a sem a rolha, durante algum tempo, antes do momento de servir. E nem todos ganharão com isso, mas certamente ninguem perderá. Portanto podemos usar o arejamento ou areação, como regra geral, sempre que isso for possível.

O arejamento é um cuidado que manifesta atenção para com o convidado, pois é feito com antecedência.

Sem a rolha o vinho inicia imediatamente um intercâmbio com o meio ambiente, ganha certa oxigenação. Com isso certos aromas mais voláteis e menos nobres se desprendem. O vinho evolui e ganha em características organolépticas. O bom vinho, é claro.

Qual o tempo ideal do arejamento? Pelo menos 30 minutos, podendo continuar por algumas horas. Por isso, você pode abrir a garrafa com antecedência, e não se preocupar com a hora. Sugiro mais ou menos uma hora antes do horário programado para a refeição ou apreciação. Cinco minutos? Não serve para nada.

Quando não se dispõe de tempo, e se quer acelerar o arejamento, pode ser usada uma jarra, e o vinho ser derramado diretamente na jarra, mantendo uma distância de mais ou menos um palmo entre a boca da garrafa e a jarra. Valerá por horas de arejamento e combinação com o oxigênio.

O arejamento com jarra é mais recomendado para vinhos de idade média, a partir de alguns anos até no máximo uma dúzia. Em caso de vinhos muito velhos, o *bouquet* poderá ser perdido na excessiva oxigenação.

Entre os livros que li encontrei a recomendação de que o arejamento fosse feito tanto mais tempo quanto mais velho o vinho. Isto

O arejamento do vinho tinto, visando a oxigená-lo, é feito mantendo por um certo tempo a garrafa aberta para que o vinho possa respirar. *Isto é feito com antecedência, e os vinhos só tem a lucrar.*

só vale até a idade de 12 anos. Mas também é válido o arejamento para os vinhos tintos com pouca idade e até jovens. Somente não adianta nos *primeur,* vinhos do ano.

11. Na temperatura apropriada

A temperatura mais adequada para servir um vinho é aquela que resulte em uma apreciação capaz de produzir o maior prazer possível a quem aprecia. Nada mais que isso.

Seu fundamento, portanto, é hedônico-sensorial e não enológico. E depende fundamentalmente dos gostos e preferências das pessoas, como do clima e da temperatura-ambiente, da situação ou do contexto. Em suma, das diferenças individuais e circunstanciais.

Procuraremos, assim mesmo, apresentar alguns consensos mais ou menos aceitos, atualizados e contemporâneos, e que, muitas vezes, se insurgem contra a heterodoxia de algumas tradições inflexíveis. "A dificuldade não está nas idéias novas, mas sim em escapar das antigas...", bem o disse Lord Keynes.

Procuremos sempre arrolar alguns fundamentos que determinarão a definição de temperaturas ideais para a apreciação dos vinhos. Separemos inicialmente os vinhos em sete grandes grupos: os brancos secos, os espumantes, os brancos adocicados, os rosados, os tintos jovens, os tintos maduros e os tintos envelhecidos.

a) Brancos secos

Os vinhos brancos jovens e secos (sem sensação de adocicado) mantêm uma relação açúcar/acidez que pende para a acidez. Isso confere ao vinho uma sensação de *frescor*, vivacidade e juventude, que constitui a sua personalidade e a sua virtude.

Ora, servido a baixas temperaturas, a tendência será a de acentuar este natural frescor, tornando-o ainda mais significativo e agradável. Baixar a temperatura dos vinhos brancos jovens, portanto, em nada os prejudica e, ao contrário, os valoriza sensorialmente.

Já quando se trata de vinhos brancos e secos, mas de certa idade, amadurecidos ou envelhecidos, a temperatura não deve ser tão baixa quanto a dos jovens, para não amortecermos, com o frio, a nossa percepção das suas características.

Recomendamos as temperaturas frias, que ficam entre 6 e 12 graus para os brancos secos jovens, e entre 8 e 12 graus para os brancos secos amadurecidos.

b) Espumantes

Os espumantes, como o Champagne e os champanhas, por seu turno, possuem uma gaseificação natural, que causa a sensação de agulha em nossa boca, em nossa mucosa bucal. Isso ocorre enquanto o gás se acha ainda com toda a sua força, pois a garrafa foi recém-aberta.

Uma baixa temperatura ajuda a diminuir e tornar agradável, ao invés de exagerada e desagradável, a sensação de agulha. É claro que, com o tempo, quanto mais o *perlage* se desprenda (gás carbônico), menos é agressiva a sensação de agulha. E aí não faz mal se a temperatura do espumante tenha subido um pouco.

Por outro lado, os Champagnes e outros espumantes são também ácidos e têm na sua vivacidade e frescor (a maioria) seu ponto alto. Nada mais natural, portanto, que os espumantes sejam servidos gelados, mais ainda do que os outros vinhos brancos. Mesmo que se trate de espumantes rosados ou tintos (como os da Bairrada):

O Champagne francês só é datado quando proveniente exclusivamente de uvas de uma safra excepcional. Os champanhas e os Champagnes *non millésimés,* isto é, não datados, sem declaração de safra, podem ser tomados a temperaturas mais baixas do que os datados, das grandes safras, *millésimés.*

Recomendamos as temperaturas bem frias, *frappé,* que ficam entre 6 e 10 graus para os Champagnes, champanhas e espumantes *brut,* em geral. Para os *millésimés,* frias, entre 8 e 12 graus. Os *demi-sec* e doces podem ser servidos gelados. O mesmo para o Asti Spumanti. Entre 4 e 10 graus.

c) Brancos adocicados

Os vinhos brancos doces, *demi-sec* ou suaves têm uma relação açúcar/acidez balanceada para o adocicado. O adocicado ganha com a baixa temperatura; a apreciação dos açúcares se torna mais agradável a temperaturas menores, frias e *frappé.*

Por isso, quanto mais doce o vinho, quanto maior o percentual de açúcar que entra na sua composição, mais baixa pode ser a temperatura para a sua apreciação.

Recomendamos, para os brancos adocicados, temperaturas entre 6 e 12 graus, podendo baixar até os 4 graus, geladas, nos mais doces.

d) Rosados

Os vinhos rosados, como já vimos anteriormente, podem se comportar mais como brancos, ou mais se aproximando dos tintos,

As adegas climatizadas constituem uma boa alternativa para bem conservar os vinhos, tendo-os já permanentemente à temperatura de serviço.

numa posição intermediária. Os princípios enumerados anteriormente para os brancos servem como regra geral. Entretanto, quanto mais semelhantes aos tintos, sendo secos, menos acompanham os brancos, na temperatura.

Os rosados suaves ou adocicados acompanham ainda mais os princípios expostos para os brancos, como é o caso, por exemplo, dos rosados, impropriamente chamados de tintos, alemães. Da mesma forma os espumantes rosados.

Recomendamos temperaturas refrescadas, entre 8 e 12 graus para os rosados secos, e frias, e *frappé,* entre 6 e 10 graus para os doces.

e) Tintos jovens

Já criticamos a velha máxima: vinhos tintos são tomados a temperatura-ambiente. Aliás, a maioria dos livros modernos já trocou a expressão por *temperatura da sala.* Mas esta temperatura é recomendada, não para todos os tintos, e sim para os vinhos envelhecidos.

Há uma tendência contemporânea de acompanhar as modificações de estrutura dos vinhos, resultantes da moderna tecnologia de vinificação, filtragem e obtenção de limpidez, com temperaturas mais compatíveis com esta nova estrutura, temperaturas mais baixas.

Por outro lado, não se fazem mais vinhos para serem degustados pelos filhos ou netos, e sim para serem apreciados em vida por quem os elaborou. Com isso também encurtou a idade média dos vinhos. Isso influi na sua estrutura e, conseqüentemente, na temperatura de apreciação.

Antigamente os tratados falavam em temperaturas entre 18 e 22 graus centígrados para os vinhos tintos envelhecidos e encorpados. Hoje 18 graus é o máximo tolerado e o intervalo chega até os 15 graus. Com média, portanto, de 16,5 graus centígrados. Para os vinhos robustos, encorpados, ricos, envelhecidos.

Os vinhos tintos secos e jovens, uma efetiva tendência da vinicultura mundial, conservam as características de vinhos frutados. E o frutado casa bem com temperaturas mais baixas, refrescadas. Em verdade, há até vinhos tintos com essa configuração, os *nouveau,* como os Beaujolais e os Côte-du-Rhône franceses, que são servidos de refrescados até frios.

É bom deixar claro qual a origem da idéia de que o vinho tinto seco deva ser tomado a temperaturas mais elevadas. Os polifenóis e, de forma especial, os taninos envelhecidos sabem amargos ao nosso paladar quando a temperatura é reduzida. É só isso. Não estraga nem arruína o vinho. Apenas sabe amargo o vinho enquanto baixa a temperatura. Logo que suba, o vinho seja ambientado ou *chambré,* fica de lado o sabor amargo.

E qual a temperatura ideal para os vinhos tintos jovens e secos? A SOPEXA, Sociedade para a Expansão de Vendas dos Produtos Agrícolas e Alimentares da França, publicou um excelente livro com o título *Vins et Spiritueux de France.* Pois qual a temperatura "a laquelle il donnera le meilleur de lui-même?" Quando o vinho dá o melhor de si mesmo?

— Vinhos tintos leves (*légers*), redondos e frutados, se apreciam a temperaturas entre 12 e 14 graus.

Ora, temperatura entre 12 e 14 graus já entra no campo dos refrescados. Temperatura abaixo da média das adegas, que é de 14 a 16 graus. Se para conseguir 18 graus, num clima tropical como o do Brasil, já devemos geralmente refrescar o vinho no refrigerador ou num acessório de mesa, por alguns minutos, para baixar para os 12 a 14 graus.

Em outras palavras, e deixando muito claro este polêmico tema, os vinhos brasileiros, em sua quase absoluta totalidade, como os vinhos jovens e frutados estrangeiros, podem e devem ter sua temperatura rebaixada, para darem o melhor de si. Que afinal é o que você quer para os seus convidados.

E os *nouveau*, onde também encontramos muitos vinhos brasileiros, tintos leves e frutados, da safra do mesmo ano em que se está apreciando, podem ser servidos a temperaturas ainda mais baixas, em analogia com os Beaujolais, entre 8 e 14 graus.

f) Tintos maduros

Os vinhos tintos maduros, quando não envelhecidos, também não apresentam a possibilidade de resultarem amargos devido aos polifenóis envelhecidos. Portanto, trata-se de uma questão de gosto ou preferência o servir um pouco mais refrescados, ou um pouco mais ambientados.

Os vinhos maduros, para adquirirem esta configuração, precisam ser ricos, encorpados. Vejamos a temperatura recomendada pela publicação antes referida para os vinhos franceses:

— Vinhos tintos mais ricos e encorpados se servem *chambrés*, quer dizer, entre 15 e 18 graus.

Mas se você quiser baixar um pouco mais, para os 12 a 14 da faixa dos vinhos leves, não se preocupe, pois não há nada para ficar amargo. O vinho continuará perfeito e pode ser mais adequado ao clima tropical em que vivemos.

Não esqueça, entretanto, que os vinhos tintos, ao contrário dos brancos jovens, têm baixa acidez. Daí que a relação álcool/acidez não confere sensação de frescor, e sim de *calor* aos que o apreciam. Portanto, o vinho tinto não nasceu para ser gelado e sim pode apenas ser refrescado, conforme o gosto ou a necessidade.

g) Tintos envelhecidos

Os vinhos tintos envelhecidos, como já comentamos, não podem ter sua temperatura rebaixada abaixo de um limite, que é o de 15 graus. Abaixo disso perdem sua qualidade ótima, porque sabem amargos ao nosso paladar.

Não esqueçamos, entretanto, que isso não significa temperatura-ambiente brasileira, e sim entre 15 e 18 graus. Para vinhos ricos e encorpados. A eles se aplica, mais do que nunca, o termo *chambré*. Ambientado. Desde que o ambiente esteja àquela temperatura.

Pois não pensem que é uma temperatura normal de se encontrar. O ar condicionado dos restaurantes de luxo geralmente se encontra entre 19 e 22 graus. Portanto, mesmo nesse ambiente, pode e deve ser rebaixada, um pouquinho, a temperatura do vinho.

E se ele estiver mal guardado, em temperatura superior aos 18 graus, somos obrigados a refrescá-lo. No refrigerador ou num baldinho de gelo ou equipamento refrescante. O máximo que pode acontecer — e certamente acontecerá — (já aconteceu comigo diversas vezes), em restaurantes famosos e caros, é que você causará espanto e indignação! Como convém a um país de Terceiro Mundo e de ignorância ampla e irrestrita...

Será também conveniente definirmos o que se entende por vinho refrescado, gelado, frio, *frappé, chambré,* temperatura-ambiente e temperatura da sala, termos muito usados na literatura especializada.

Nomenclatura da temperatura dos vinhos:

— **Gelado** significa temperaturas muito próximas de 0 grau centígrado.

— **Frappé** é o termo usado para quase totalmente gelado, a partir dos 4 até mais ou menos 6 ou 7 graus.

— **Frio** é usado para o intervalo entre 6 ou 7 e mais ou menos 12 graus.

— **Fresco** ou **refrescado** é usado para o intervalo entre 12 e 16 graus.

— **Chambré** é o termo usado para a temperatura entre 15 e 18 graus. É correspondente a "temperatura-ambiente" ou "temperatura da sala".

— **Quente** é o termo usado para os vinhos com temperatura acima de 18 graus.

Acho que uma síntese ordenada em sucessão crescente de temperatura ajudará o leitor nesta matéria:

Brancos adocicados e doces .... 4 a 12 graus
— de *frappé* a frios
Espumantes .... 4 a 12 graus
— de *frappé* a frios
Brancos secos .... 6 a 12 graus
— frios
Rosados .... 6 a 12 graus
— frios
Tintos jovens .... 8 a 14 graus
— frescos ou refrescados
Tintos maduros .... 12 a 18 graus
— de refrescados a *chambré*

Tintos envelhecidos.. 15 a 18 graus
— sempre *chambré.*

Não esquecendo de levar em consideração dois princípios:

a) **Brancos** — Quanto mais jovens, leves e doces, tanto mais baixa a temperatura; quanto mais secos, encorpados e envelhecidos, mais alta a temperatura; dentro do intervalo.

b) **Tintos** — Quanto mais leves, menos encorpados, mais jovens e menos tânicos (adstringentes), mais baixa a temperatura; quanto mais encorpados, maduros e envelhecidos, tânicos, mais alta a temperatura; dentro do intervalo.

Cabe mais um comentário sobre os vinhos fortificados ou generosos, como o Porto. O Instituto do Vinho do Porto e o Solar do Vinho do Porto admitem servir os brancos secos frios e até com uma pedra de gelo dentro. Quanto aos tintos, Tawny, Rubi, e com 10 a 20 anos — *years old* —, podem ser resfriados por uma hora na geladeira, antes de servir. Apenas o safrado, o *vintage* e os de colheitas com mais de 20 anos devem sempre ser servidos *chambré.*

Emile Peynaud é certamente a maior autoridade contemporânea a respeito de degustação de vinhos. Sua monumental obra *Le Goût du Vin* é leitura obrigatória para quem pretende se aprofundar nos assuntos da apreciação do vinho.

Nela encontramos um posicionamento muito objetivo, lastreado em toda a sua experiência e autoridade:

> "A qual temperatura a gente deve degustar e a qual a gente deve beber (apreciar)? Estas duas temperaturas não são forçosamente as mesmas. Os degustadores buscam a identificação de defeitos. Os consumidores preferem o prazer, inclusive atenuando algum eventual defeito que se possa apresentar.
>
> "Os degustadores utilizam temperaturas entre 15 e 20 graus, sem distinção de tipos de vinhos. Mas, na busca hedônica, a melhor temperatura possível é a que ressalta as virtudes e minimiza os defeitos do vinho. A verdade está neste axioma: uma temperatura para cada vinho, uma temperatura para cada gosto."

Que fique bem claro que a temperatura ideal para a apreciação de um vinho é um fato pessoal e subjetivo. Muito mais da etiqueta do que do serviço. Podemos compreender melhor isso a partir de um exemplo. A opinião de Hugh Johnson, um dos maiores *experts* em vinhos da atualidade, relativamente aos vinhos Sauternes, no livro *Wine,* no capítulo dedicado aos vinhos de sobremesa:

"Os eruditos de Bordeaux são partidários de servir o Sauternes muito frio, tanto mais frio quanto mais doce e extraordinário seja. No Chateau d'Yquem, me serviram a cerca de dois graus abaixo dos demais. Não se trata de contrariar pessoas mais conhecedoras do que eu, nesta matéria, porém não estou de acordo com essa opinião. Quanto melhor é o vinho branco, menos faz falta esfriá-lo. Prefiro tomar um Chateau d'Yquem à mesma temperatura de um Montrachet, isto é, refrescado. Quando o vinho está bastante gelado, embaciando o copo, embacia também a sua majestade...".

Os destilados

Quanto aos destilados, podem ser servidos a diversas temperaturas. Luís Bustos recomenda "beber o Brandy (e naturalmente o Cognac e o Armagnac) à temperatura-ambiente. Jamais esquentar a taça sobre a chama, porque com isso só se consegue decompor os aromas, que tanto tempo levaram para se formar.

"Deve-se aquecer a parte bojuda do cálice na parte côncava da mão, pouco a pouco, aspirando o aroma, tão importante quanto o sabor e, por último, bebê-la em pequenos sorvos, sem pressa. "Como bebida de verão podem ser bebidos com gelo, *on the rocks,* puros ou com a terça parte de água mineral."

O pior crime será deitar fogo no copo, queimando o inigualável *bouquet.*

Algumas Aguardentes Velhas (Portugal), Grappa (Itália) e Marc (França), são servidas da mesma forma que até agora referimos, ou frias. Mas então em copos bem pequenos.

C — DA PROVA AO RESTAURANTE

"Savoir parler du vin..."

SOPEXA

12. Provados pelo anfitrião

A prova do vinho pelo anfitrião é uma demonstração inequívoca de interesse e respeito aos convivas. Nenhum vinho é servido sem que o anfitrião se certifique antes de suas condições ideais. Isso desde que o provador saiba o que está fazendo, e não se limite a uma pequena hipocrisia de uma falsa etiqueta, como sói acontecer na maioria dos casos...

Na prova do vinho não queremos fazer um apurado exame técnico-organoléptico-enológico. Queremos, isto sim, ver se o vinho está conservado, sem defeitos ou doenças que estraguem a apreciação, no seu apogeu de evolução, na temperatura adequada ao maior prazer possível.

Como já vimos, na opinião de Hugh Johnson relativamente aos vinhos Sauternes, a temperatura é uma questão de gosto. E assim também o é em muitos outros aspectos, como quantidade, copo adequado, casamento com as comidas, ocasião, e assim por diante. E inclusive na prova do vinho, um ritual seguido em todo o mundo.

Vejamos como o anfitrião deve proceder para fazer uma correta prova do vinho. Isso vale para quando recebemos amigos à mesa ou fora dela, como também para qualquer vinho que se vá tomar. Inclusive no restaurante, quando nos é servida a prova, antes dos demais, que são considerados, para este efeito, como nossos convidados.

Como disse Sêneca, "não há direção certa para quem não sabe para onde vai". Creio que aqui começa toda a confusão estabelecida em torno do ato de provar o vinho, antes de servir todos os copos. Se não sabemos a direção certa, o que realmente queremos, como vamos fazer a prova com objetividade?

De uma maneira geral, as pessoas pensam que a prova é para ver se o vinho **é bom.** Mas na verdade prova-se o vinho para ver se ele está correto, se ele **está bom.**

Na prova buscamos a resposta a quatro questões básicas:

1 — O vinho se acha bem conservado?

2 — O vinho não tem defeitos ou doenças evidenciáveis?

3 — O vinho se encontra no estágio apropriado?

4 — O vinho se encontra na temperatura correta para beber?

Conservação, sanidade, estágio de evolução e temperatura, eis os aspectos a considerar. O vinho bem conservado não apresenta avinagramento ou oxidação excessiva.

A conservação adequada é feita com condições adequadas, dependendo do local em que foi guardado, depósito ou adega.

A análise da sanidade busca verificar se o vinho não apresenta sinais de defeitos, ou doenças evidenciáveis, que podem ser fruto da má elaboração ou engarrafamento, da má rolha, rolha com defeito ou doença, ou ainda do excesso de conservante (sulfuroso).

Na verifiacação do estágio da evolução do vinho, visa-se a verificar se o momento de apreciar o vinho é o melhor possível. De acordo com sua evolução e idade, sua estrutura e características.

Quanto à temperatura, trata-se de verificar se a preparação do vinho levou-o a temperatura ótima para a apreciação hedônica, ou ainda de acordo com os gostos e preferências dos convidados.

Embora a maioria das pessoas simplesmente provem o copo, sem dar atenção à rolha, é com a rolha que começa uma bem feita

A prova do vinho pelo anfitrião é, essencialmente, uma prova de atenção e respeito para com os convidados. No restaurante ou em casa.

prova e aprovação do vinho. Observa-se o aspecto e sentem-se os cheiros da rolha.

a) Rolha

O aspecto é tanto melhor quanto mais bem conservada for a rolha. Constituem sinais preocupantes: rolhas esfaceladas, ranhuras ou canaletas ao longo da rolha, mofo ou bolor, rolhas excessivamente curtas ou de cortiça aglomerada.

Ao levar a rolha até a proximidade do nariz percebem-se cheiros sadios, como o da cortiça, ácido do vinho, de uva, ou cheiros indesejados, como o mofo, um cheiro acre e estranho, o de vinagre e o de sulfurosos, bem como outros cheiros desagradáveis. Se aparecer algum cheiro indesejado, temos outro mau sinal.

A rolha deve ser observada antes do vinho. Uma vez feita a observação da rolha, servimos (ou somos servidos) uma pequena porção de vinho no copo. Basta um dedo de altura, 2 ou 3 centímetros.

b) Aspecto

A seguir observa-se o aspecto do vinho: a cor, contra uma superfície branca ou luz natural; a limpidez por sobre o copo, de cima para baixo; a presença ou ausência de gás carbônico; a presença ou ausência de depósitos, sólidos em suspensão, ou borras.

Os vinhos jovens não podem estar oxidados. O oxidado nos brancos percebe-se pela cor excessivamente amarelada e seus reflexos avermelhados. Nos tintos, por apresentarem, ao invés da cor rubi, uma cor marrom de tijolo, com reflexos alaranjados.

Num vinho envelhecido, estas cores podem ser normais, bem como suas nuances intermediárias.

c) Cheiro

Depois usamos o nariz, para sentir os cheiros e aromas do vinho. Buscamos novamente cheiros indesejáveis, como mofo ou bolor, de vinagre, de rolha, de sulfuroso (ovo podre), de metais, e estranhos ao vinho ou desagradáveis. Ou o cheiro de oxidado, de aldeídos.

As três etapas da prova do vinho: de cima para baixo, observação visual, aspiração dos aromas e cheiros, o vinho na boca, com suas informações finais.

O bom vinho deve cheirar bem, com aromas agradáveis de vinho, nossos conhecidos. Caso sintamos alguns dos cheiros indesejáveis, novamente mau sinal. Fiquemos atentos.

Para melhor sentir os cheiros e aromas, é conveniente realizar duas fases de aspiração: primeiro com o vinho sem agitação, levando o cálice diretamente ao nariz. Depois, agitando o copo de forma a imprimir uma rotação, fazendo com que o vinho circule dentro do copo. Nessa fase de agitação, os aromas se desprendem mais fortemente e podemos sentir mais profundamente virtudes e defeitos.

d) Gosto

Finalmente chegamos à fase do gosto. Tomamos uma porção média de vinho na boca e com ela permanecemos durante alguns segundos (pelo menos meia dúzia de segundos), passeando o vinho pela nossa boca. Aí poderemos sentir um excessivo amargor ou acidez. O gosto desagradável do vinho excessivamente oxidado ou ainda características diferentes das que deveríamos esperar. Conforme o vinho seja seco ou suave, por exemplo.

Quando sentimos *gosto de rolha,* que deve suceder ao cheiro de rolha no vinho, o líquido deve ter sido afetado pela doença da rolha, estar como o francês diz: *buchonée,* e portanto inapto para o consumo.

Na boca também percebemos a temperatura do vinho, verificamos se ela está adequada à ocasião, ao tipo do vinho e ao gosto dos convivas.

Depois, engolimos o vinho e prestamos atenção ao gosto final, ao retrogosto, que deve ser intenso e agradável. Um retrogosto muito ruim, estranho ou deficiente pode indicar ou um mau vinho — e aí não há o que fazer — ou um vinho que perdeu suas características. Deficiente.

A conclusão da prova não se faz por um sintoma isolado, seja evidenciado na rolha, na observação visual, na percepção aromática ou no gosto. Mas sim pelo conjunto das observações que permitem a elaboração do *diagnóstico,* como o médico faz ao tomar a temperatura, o pulso, a pressão, ao observar a língua, os olhos, etc.

Podemos concluir então, que, no conjunto, o vinho está correto ou não. Um vinho com defeitos notórios deve ser substituído ou rejeitado. Um vinho com temperatura inadequada deve ser preparado para a apreciação. Um vinho correto, ser servido aos convidados.

Em síntese:
a) observação da rolha;
b) observação do aspecto do vinho;
c) percepção do cheiro e aromas;
d) percepção do gosto e da temperatura;
e) aprovação ou substituição da garrafa.

No caso de vinhos decantados, que se encontram no *decanter*, a prova é feita com uma pequena dose do recipiente.

Provam-se vinhos, não os destilados nem os vinhos fortificados ou generosos. A quantidade de álcool sendo bem maior, os conserva por mais tempo, sendo bem provável que estejam conservados.

Quanto aos espumantes (Champagne e champanhas), sendo vinhos, e contendo baixo teor alcoólico, também devem ser provados, ao contrário do que geralmente acontece. Sua vida, por sinal, é bem curta, e a probabilidade de se encontrarem arruinados é maior do que a dos outros vinhos. Apesar do gás carbônico. A simples ausência de pressão já é sinal de ruína.

O tastevin *é o verdadeiro símbolo do ritual do vinho. Usado originalmente pelos* sommeliers, *hoje conserva apenas suas características históricas e aparece nas confrarias de vinhos em todo o mundo. É o copo de degustação do passado.*

13. Em copos adequados

O copo mais importante na cerimônia ritual do vinho, embora seja hoje coisa do passado, é o *tastevin* cuja grafia correta, segundo o *Nouveau Larousse des Vins, é taste-vin,* ao contrário do que usamos geralmente. Tem o sentido de provador de vinho.

O *tastevin* é o símbolo do *sommelier,* o *chef* de vinhos dos grandes restaurantes. Mas também é o símbolo de muitas das grandes confrarias de vinhos do mundo, inclusive da famosa *Confrérie des Chevaliers du Tastevin,* que seria a principal responsável pela disseminação da nova grafia da palavra pelo mundo.

O *tastevin,* no mundo atual, permanece por seu simbolismo, mas já é pouco prático para degustar vinhos. Constitui-se numa taça rasa de prata ou metálica em que se podem observar perfeitamente a cor e a limpidez do vinho. Tem uma bolha central de nível, uma calota esférica invertida e, ao redor, calotas menores ou pérolas. No bordo externo, uma série de ranhuras e depressões que se destinam à observação dos vinhos brancos. A luz reflete no metal e permite uma boa observação do vinho.

Os próprios franceses já criaram provadores de vinho mais modernos, como *le taster impitoyable,* feito de vidro. Mas a prova de vinho se faz hoje, em praticamente todo o mundo, com copos de degustação homologados pela OIV, Organização Mundial da Uva e do Vinho, uma espécie de ONU do vinho. A partir do copo estandardizado pelo INAO, instituto que coordena as Denominações de Origem Controlada da França.

Com maiores ou menores variações, o copo de degustação obedece a certos padrões de *design,* e serve admiravelmente bem para a apreciação do vinho. Entretanto, não se pode querer brindar nossos convidados com a utilização desses copos, ao menos constantemente, pois, além do seu alto custo, não se prestam para todos os vinhos e todas as bebidas.

Os espumantes, por exemplo, e os vinhos fortificados, demandam copos diferentes para a sua apreciação. Em tamanho ou formato. O mesmo podemos dizer dos Jerez e da apreciação hedônica, não técnica, dos tintos robustos envelhecidos.

Pode parecer ao leitor menos avisado que o copo não tenha a importância que muitos lhe conferem. Estou de acordo, mas dependendo da circunstância. Eu próprio já afirmei — e escrevi — isso no passado. Partia do ponto que um bom vinho resiste ao copo em que for tomado. Eu estava errado e mudei. O copo é absolutamente fundamental, como a roupa ou o traje é importante para destacar a elegância, e para estar integrado ao momento ou contexto social.

Mas sua importância não é por estética, mas sim para poder permitir a nós e aos nossos convidados, usufruirmos de todos os prazeres que o vinho pode oferecer na sua apreciação, pois o copo ressalta e permite desabrocharem as virtudes do vinho, como um belo vestido a beleza de uma mulher.

Os copos devem ser adequados aos tipos de vinho, buscando preservar suas melhores características. Vejamos, de uma forma sim-

O taster impitoyable *é o* tastevin *francês do século XXI. De cristal fino, transparente, com a boca fechada, permite um excelente exame olfativo e visual do vinho (gentileza de Isolda Paes).*

ples, como podemos ter os copos mais adequados aos diferentes tipos de vinhos e bebidas derivadas.

• A **água** é servida sempre acompanhando os vinhos. De forma automática. Serve para limpar a boca, separar diferentes vinhos, e reidratar o organismo, que tende a se desidratar pela ação do álcool. Nos coquetéis isso não acontece, porque geralmente eles são acompanhados de muito gelo ou sucos.

O copo de água, quando os copos possuem um mesmo *design*, é maior do que o dos tintos, podendo ter a mesma forma. Isso não acontece sempre. Os melhores vinhos bordaleses e borgonheses são servidos em copos grandes, maiores mesmo que os de água.

• Os copos para os **vinhos tintos** são maiores do que os reservados para os brancos. Os vinhos tintos costumam ter *bouquet*, e este necessita de mais espaço para expandir-se e concentrar-se. Ao mesmo tempo, como a temperatura de serviço dos tintos é sempre mais elevada do que a dos brancos, o tamanho permite o serviço de uma quantidade maior, sem a preocupação de que o ambiente venha a diminuir suas características.

Para vinhos **tintos jovens,** leves e de safras recentes, necessitamos de copos menores do que para vinhos maduros e envelhecidos de nobreza inconteste. A temperatura do vinho jovem também é menor. Uma característica geral dos copos para vinhos tintos é o de possuírem forma arredondada ou ovalada, com a boca mais fechada do que a cintura. Isso se destina a ajudar na retenção dos aromas por mais tempo.

Cada bebida, cada tipo de vinho ou destilado, possui características que são melhor ressaltadas em um determinado copo. Por isso as variações de formas e tamanhos.

Os copos de degustação apresentam dimensões próximas ao estandardizado pela OIV. Ao centro o copo do INDO — Instituto Nacional de Denominaciones de Origen, Espanha; aos lados, dois outros copos de degustação; à direita, o nacional.

Na França, o lugar em que prepondera um maior cuidado e sofisticação no serviço de vinhos, pois afinal todo o francês é um declarado amante do vinho, existem certas diferenças gritantes, mesmo entre os copos dedicados aos tintos. É comum se servirem os Borgonha em copos tipo balão, grandes, quando não gigantescos. Em Bordeaux já se usam copos ovalados, de tamanho menor. Mas, ainda assim, são bem maiores do que os copos usados para tintos entre nós.

De qualquer forma, esses copos especiais são utilizados para vinhos especiais e não nos vinhos de consumo corrente, quando os médios ovalados são usados indiferentemente, sejam os vinhos bordaleses ou borgonheses. O Loire e a Alsácia também têm copos típicos, e assim por diante.

• Já os copos para **brancos** não evidenciam uma preocupação tão grande com a boca mais fechada. Existem alguns, mesmo, com as bordas para fora. Os aromas dos brancos não necessitam tanto a concentração, como os tintos, por geralmente não possuírem aromas terciários, e por se desprenderem facilmente.

Entretanto, mesmo que isso seja contra certos modismos, quero me posicionar de forma divergente ao usual. Para mim os aromas dos brancos merecem, na apreciação, o mesmo tratamento dos tintos, embora o volume e tamanho devam ser realmente menores.

A razão do menor tamanho está na temperatura e nos aromas. O vinho branco, servido gelado ou refrescado, logo sofre um choque térmico ao ser colocado no copo, que está a uma temperatura muito superior. E o próprio ambiente ajuda a aquecer o vinho. Portanto, quanto menor for o tamanho do copo e a porção servida, menos oportunidade de aquecimento.

Acima, copos para vinhos tintos. Da esquerda para a direita, nacional comum, californiano, globet *de Paris, nacional de haste mais longa, de Bordeaux, da Borgonha, canadense. Ao centro, copos para vinhos brancos. Da esquerda para a direita, alemão, escandinavo, nacional,* globet *de Paris, nacional mais aberto, frances, nacional para licorosos, italiano. Abaixo, copos para espumantes, da esquerda para a direita, a antiga laça rasa, três tipos de* flute *nacionais, com haste diferente, tulipa francesa, duas tulipas nacionais.*

Os aromas dos brancos também são diferentes, frutados, primários e secundários, não necessitando tanto espaço para se expandirem e serem sentidos em sua plenitude.

• Para os **espumantes,** os leitores estarão lembrados de que antigamente — ou recentemente — usava-se uma taça aberta para servir champanha. Esta nada tinha a ver com a apreciação hedônica e foi provavelmente criada por razões estéticas. Quantos brindes românticos não foram com ela cometidos, os braços entrelaçados?

Conta a lenda que as taças rasas foram moldadas nos seios de Cleópatra. Decididamente um excelente *handicap!* Mas a taça rasa esquentava muito mais depressa o líquido, pela superfície maior em contato com o ar, e não permitia visualizar satisfatoriamente o *perlage,* a fase gasosa do vinho, desprendendo-se, verticalmente. E ainda

Acima, copos para licores e vinhos fortificados ou generosos. Da esquerda para a direita, quatro copos para licor, quatro copos para fortificados; o arredondamento é alemão. O mais adequado para uma boa apreciação é o da direita, sul-africano. Abaixo, copos para vinhos especiais e destilados. Da esquerda para a direita: o de Jerez (copita) *espanhol, o de Cognac (francês), ambos também usados para Marc e Aguardentes Velhas, três tulipas ou balão nacional de tamanho crescente, para esquentar destilados (Cognac, Armagnac, Brandy).*

dispersava excessivamente os aromas, deixando o Champagne sem cheiro.

Depois, mais recentemente, uma reação contra a taça rasa levou-nos ao exagero da utilização de uma taça alongada, quase sem pé e em forma de flauta, o *flute*. Esqueceu o *designer* que a criou que pessoas havia que tinham narizes proeminentes. Provavelmente a criação baseou-se num nariz de bóxer...

A flauta é mais indicada por reter os aromas e por permitir que o *perlage* se expanda ao longo dos bordos laterais paralelos. Mas logo o *design* evoluiu para o de uma tulipa alongada. Um copo de vinho branco, mais alongado, que serve ao espumante como também serve aos brancos.

A tulipa alongada é mais coerente e mais prática do que a flauta, além de mais bonita e graciosa, como convém ao Champagne, finalmente libertado das flautas horrorosas.

• Para os **vinhos fortificados**, como Porto, Madeira e outros, já se utilizam copos como os dos tintos ou de degustação, mas bem menores, pois as quantidades bebidas são também menores, devido ao alto teor alcoólico.

• São também menores e às vezes com as bordas rebuscadas os copos dos **licorosos naturais** leves, como o Sauternes. O **Jerez** utiliza um copo tipo de degustação, mas bem menor ainda do que os dos licorosos, e mais alongado.

• Quanto aos **destilados,** como o Cognac, Armagnac, Brandy, Marc e Aguardentes Velhas, utiliza-se o copo típico ou, mais comumente, quando nos climas frios se deseja esquentar o líquido com as mãos, uma tulipa arredondada ou balão, de haste curta, de formato bem maior.

Há pessoas que separam as Bagaceiras e o Marc do Cognac, Armagnac e do Brandy, usando copos quase de licor, pequeninos. Dependendo da dose, acho lógico. E também da temperatura de serviço. Mas não vejo nenhum inconveniente em utilizar a típica tulipa do Cognac para este fim, quando se quiser esquentar os destilados com as mãos.

Outras vezes os destilados, como a Bagaceira, são servidos bem gelados, em climas quentes. Neste caso cabe o pequeno copo de dose.

• Os copos para vinhos e destilados devem ser, invariavelmente, **de vidro ou cristal transparente,** tão **finos de espessura** quanto possível. Copos coloridos, como os usados para vinhos do Reno, não permitem ver o vinho. E sendo de vidro espesso, interferem no paladar. Deixemos os copos coloridos para decoração, e não para apreciar boas bebidas.

• A **limpeza dos copos** é um ponto crítico da etiqueta e do serviço de vinhos e destilados. Muitas vezes nos deparamos com copos mal lavados e até com manchas de *baton!*... O cuidado com a limpeza dos copos constitui uma cortesia essencial para com os convidados.

Limpar copos não é tão fácil como parece. Não podemos usar sabão nem detergentes aromatizados. Somente detergente neutro. E água quente, muita água, mesmo depois do detergente, pois se não fossem os *batons* das mulheres e as gorduras, poderíamos simplesmente escaldar os copos em água fervente. Assim, teríamos a certeza de que nenhum cheiro iria contaminar os aromas da bebida.

Experimente cheirar os copos vazios em muitos lugares. Você vai ficar espantado. Cheirar os copos antes do serviço é uma boa preocupação que cabe a anfitriões cuidadosos, pois pode ser que a empregada não tenha compreendido a importância, e não seguido as instruções à risca. E sempre é hora de consertar o estrago.

• Não se servem convidados com copos trincados ou lascados nas bordas. É isso uma descortesia imperdoável, até porque nessas superfícies se acumulam germes difíceis de tirar. Copo trincado ou lascado é copo jogado fora. Por questões de higiene, em primeiro lugar.

14. Nas quantidades convenientes

Uma das coisas mais difíceis de serem compreendidas, por quem não ama e conhece as coisas, é a quantidade de vinho que se deve servir numa determinada oportunidade; ou nos copos na hora do serviço.

É claro que a quantidade a servir depende da ocasião e da vontade dos convivas. Mas não somente disso. Depende também do tipo de vinho e da sua apreciação.

a) De acordo com a ocasião

Em primeiro lugar, a situação ou ocasião. Podemos tomar o vinho como aperitivo, por exemplo. Então a quantidade deve ser limitada, bem limitada. Aperitivar é preparar o ânimo, é criar um clima descontraído para a refeição. Ou, muitas vezes, também para esperar pelos retardatários... Que no Brasil são infalíveis no seu descumprimento ao horário estipulado. Há até livros de etiqueta que dizem ser descortesia chegar na hora do convite!

• A idéia do aperitivo é nova, deste século. Até o século passado, as bebidas eram reservadas somente para a comida, e para depois dela. O aperitivo tem a intenção, também, de abrir o apetite, como diz Johnson, estimular a mente, predispondo o conviva a desfrutar da comida, da companhia e do momento.

É, portanto, da própria essência do ritual que a quantidade ingerida, tanto de álcool quanto dos complementos, dos acepipes, seja reduzida, para não prejudicar todo o resto.

É bom também não esquecer que, em se tratando da ingestão de álcool, a quantidade também deve ser tal que não torne os convidados alcoolizados, amortecidos em sua potencialidade apreciativa, para a refeição que se irá seguir. Tomar duas doses de uísque antes da refeição é uma boa maneira de *ficar alto* e perder a verdadeira capacidade de apreciar os momentos maravilhosos da hedonia gastronômica que virão a seguir. Por isso, além de leves, as bebidas servidas devem ser em quantidade discreta.

O que seria uma quantidade conveniente no aperitivo? Isso depende dos tipos de bebidas, com maior ou menor teor alcoólico, como veremos adiante. Mas podemos partir de uma média geral: quando se trata de aperitivos leves e pouco alcoólicos, dois copos por pessoa, no máximo; quando se trata de destilados ou vinhos

Quantidades para o serviço de bebidas nos copos. Da esquerda para a direita: vinho tinto, vinho branco, espumantes, fortificados generosos, destilados (para esquentar) e licores.

fortificados, um copo basta. O que não quer dizer que não possamos ter mais um de reserva para atender os mais gulosos...

• Já durante a refeição, os vinhos ou destilados que forem ser apreciados, em complemento à comida, devem corresponder ao volume dessa comida. Uma entrada simples e pequena, uma sopa ou consomê, demandarão pouca bebida. No acompanhamento aos pratos, já dependerá deles. É provável que junto com o prato *de resistência* a quantidade de vinho seja maior.

Qual essa quantidade? De uma maneira geral, em média, uma pessoa toma, sem excessos, meia garrafa de vinho numa refeição. Portanto, em média, podemos programar uma garrafa para cada duas pessoas. Entretanto, há gente que bebe mais. Por isso devemos ter sempre uma reserva. A quantidade também depende do tempo de duração da refeição.

A solução é programar meia garrafa por pessoa, para uma refeição de duração não muito extensa, e ter mais uma reserva, discretamente localizada e preparada. Mas nada de insistir com os convidados para beberem mais só porque abrimos uma garrafa suplementar.

Nada tão chato quanto a insistência em qualquer situação gastronômica. Muitas vezes o convidado nem sequer gostou; bebeu ou comeu por delicadeza, e lá vem o anfitrião insistindo: "Mais um pedacinho só, mais um copo, só mais um, aproveita, está ótimo"...

• À sobremesa, servem-se vinhos ou destilados. A quantidade depende também das qualidades. Um vinho de mesa ou Champagne, bebe-se em maior quantidade do que um vinho licoroso, fortificado, ou um destilado. De uma maneira geral, podemos pensar em um copo para cada pessoa, acompanhando uma sobremesa. Entretanto, se o convidado repetir, podemos também repetir a bebida para acompanhar.

• Com os queijos é praxe servir um copo de vinho, que, conforme o convidado — e a quantidade de queijos apreciados —, poderá chegar a dois copos; nunca mais que isso, também dependendo do tipo de vinho.

• *After dinner*, como digestivo, antes, depois ou acompanhando o café, conforme a cultura local (não há unanimidade nisso), as bebidas devem ser servidas uma única vez, um só copo. Assim o recomenda a praxe internacional. Mas...

• Agora façamos uma recapitulação: 1 copo no aperitivo; 1/2 garrafa na refeição; 1 copo na sobremesa; 1 copo com os queijos; 1

Copos servidos de Cognac, Armagnac, Brandy e outros destilados. À esquerda, copo francês da região de Cognac; ao centro, balão deitado para medir a quantidade a servir; à direita, mesmo copo apoiado.

copo *after dinner*. Considere-se que uma garrafa comporta servir mais ou menos 7 a 8 copos de tintos e 10 a 11 de brancos, servidos adequadamente.

Isso contabiliza a quantidade de 7 copos de tinto ou 10 de brancos, num festim gastronômico desses, por pessoa. Ou seja, aproximadamente uma garrafa para cada convidado, incluídas todas as bebidas, do aperitivo ao digestivo.

Os leitores hão de convir que é mais do que satisfatório. Uma garrafa (ou um pouco mais para alguns) por pessoa. Acho até que é demais. Por isso, convém evitar o segundo copo no aperitivo (o que é o mais difícil de tudo), à sobremesa e com os queijos. O ideal de uma refeição é que a gente se sinta satisfeito ao final e não no meio, passando, a partir daí, a empanturrar-se.

Por isso é bom controlar a bebida, com um volume suficiente para qualquer cristão normal sentir-se plenamente satisfeito, sem fazer papel de glutão. Mas não esqueçamos que cada caso é um caso, apesar do apanágio à quantidade que se faz nos países terceiro-mundistas como o nosso.

Planeje, portanto, uma garrafa para cada convidado, do aperitivo ao *after dinner*. E deixe uma reserva de mais meia, por pessoa, para os afobados.

• Fora das refeições, recebendo amigos, a coisa fica mais difícil de calcular. Vale a experiência. Tenho sempre disponível uma garrafa por pessoa. Geralmente dá e sobra, desde que o papo não se prolongue por muitas e muitas horas. Aí é uma questão de bom senso. Se deixar, vai toda a adega...

• Já num vinho de honra ou brinde, depende muito do tipo de vinho. Uma garrafa de Champagne dá para servir adequadamente em média 8 a 9 flautas ou tulipas. É bom planejar um copo e meio por pessoa, pois há os que ficam na primeira e os que devorariam uma garrafa inteira.

Entretanto, se for um vinho de mesa, depende se é branco ou tinto. Já demos essa dica (baseados nas garrafas européias de 750 ml). Mas se for um vinho fortificado ou licoroso, uma garrafa pode servir 14 a 16 copos bem servidos. O Jerez admite, no copinho próprio, 15 a 16 doses.

• Quanto aos destilados, como o Cognac (baseado no Curvoisier) e Armagnac, ou um Brandy (baseado no Domecq), uma garrafa serve 12 a 14 doses, em copos médios. Já a Bagaceira, em copos pequenos, entre 15 e 18 doses.

• Para situações românticas? Uma garrafa de Champagne ou vinho de mesa para o casal. Mais? Periga acabar o romantismo...

Nunca é demais lembrar o episódio referido por Paula Santos, do *Macbeth,* de Shakespeare. Fui atrás do original e lá encontrei o seguinte diálogo:

> "Macduff — Devia ser tarde quando deitaste, amigo, para levantares assim tarde!...
> Porteiro — Na verdade, meu senhor, estivemos bebendo até o segundo canto do galo e a bebida conduz rapidamente a três coisas.
> Macduff — E quais essas três coisas a que a bebida rapidamente conduz?
> Porteiro — Ah! meu senhor, são estas: o nariz vermelho, o sono e o urinar. Quanto à lascívia, senhor, também o beber a isso impele e torna a impelir. Provoca o desejo, mas impede a execução."

Servir demais ou de menos nos copos não é delicado nem permite a plena apreciação do vinho. Nunca passar da metade da altura do copo.

• É claro que no restaurante, muitas vezes, as coisas não são assim. O *restaurateur* fica querendo *embuchar* as pessoas com o indefectível *covair*, rico, volumoso e com reposição automática. Visando a satisfazer, com quantidades menores, nos pratos seguintes (mais caros), faz tudo ao contrário do que recomendamos.

Muitas vezes tenho encontrado *covairs* tão ricos e deliciosos que, na próxima vez que vou ao restaurante, peço apenas *covair* e uma garrafa de vinho. E olhe que às vezes vale a pena! E quanto aos vinhos? Quanto mais vinho, melhor para a conta e para o restaurante.

b) Quanto servir no copo

Os vinhos de mesa servem-se em copos próprios, que já descrevemos. São os que podem ser servidos em doses mais generosas, devido ao seu menor teor alcoólico, de 11 a 13 graus.

• O vinho tinto servido deve ocupar 30 a 50%, no máximo, da altura do copo, para deixar espaço para os aromas terciários, para o *bouquet* se expandir. Quanto aos brancos, o vinho deve ocupar entre 40 e 60% da altura do copo, no máximo, para permitir a plena concentração e a percepção dos aromas.

Em outras palavras: tintos, de 1/3 a meio copo. Quanto mais nobre, mais antigo e melhor o vinho, menor quantidade (até o 1/3). Vinhos jovens podem chegar até meio copo. Nunca mais. Brancos: de um pouco menos do que meio copo até um pouco mais de meio copo. Também de acordo com a nobreza e a idade.

A tendência de alguns restaurantes e garçons é de servirem mais do que o desejável, pois o restaurante fatura mais e o garçom se livra mais depressa da sua tarefa. Não é o caso de quem quer e sabe receber bem.

• Da mesma forma os espumantes, como o Champagne (francês), o De Cava (espanhol), o Seckt (alemão), o Asti Spumanti (italiano) e os espumantes e champanhas brasileiros. Servem-se em quantidades correspondentes aos vinhos de mesa. Em flautas, *flutes* ou tulipas alongadas, nunca em taça rasa. O vinho deve ocupar, inclusive com a espuma, no máximo 60 a 70% da altura do copo. Para deixar os aromas e o gás se expandirem.

• Os vinhos especiais, como Sauternes, Tokay, Vinsanto, Passito, Vin de Paille, Málaga e os alemães Trokenbeerauslese e Eiswein,

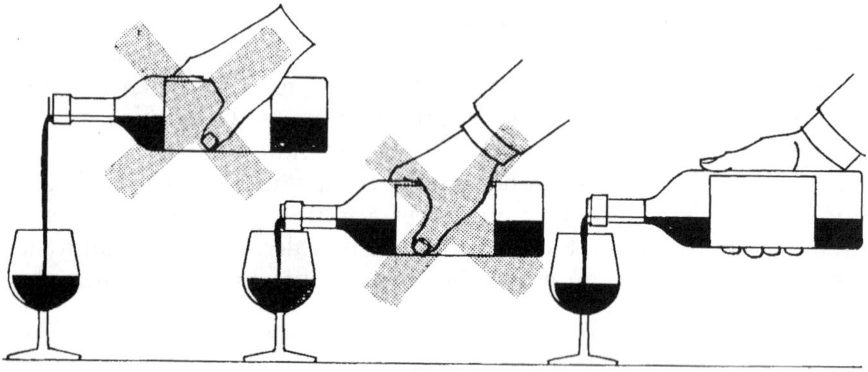

Ao servir o copo, cuidar a distância mais correta, evitando trincar ou arejar exageradamente o líquido.

servem-se em quantidades bem mais moderadas, em copos menores, sempre deixando a altura do vinho na metade da altura do copo, no máximo.

• Os vinhos fortificados e generosos, como o Porto e o Madeira, servem-se em quantidades ainda menores. Como também os Jerez, Vin Jaune e o Marsala. A melhor forma é ocupar com o vinho até 40% da altura do copo, a não ser no caso do *copito,* que pode ser servido até 60%.

• Já os destilados, como o Cognac, o Armagnac e o Brandy, servem-se usando o próprio copo balão para medir. No caso de usarmos o copo especial pequenino, *copito,* não ultrapassar a 60% da altura do copinho. Para servir o balão (tulipa), deita-se o copo de lado e serve-se até o nível da boca ou abertura do copo. Na vertical, corresponde a 25% da altura do copo. Quanto às Bagaceiras e ao Marc, servem-se em copos bem pequenos, até dois terços da altura do copo.

15. Na sucessão correta

Outro dos tabus consagrados no mundo das bebidas se refere à incompatibilidade entre os diferentes tipos de bebidas. Afirmam alguns, enchendo a boca para dizê-lo, que a *mistura* foi a responsável pela ressaca. O que me lembra um comercial em que, após contar que ingeriu uma dúzia de pratos indigestos e bebidas, o personagem culpava uma azeitona final pelo desastre gástrico...

No caso dos vinhos, em especial, existe uma superstição enraizada entre nós no sentido de que a mistura de vinhos e outras bebidas pode ser desastrosa. Nada é menos verdadeiro. Os vinhos, em sua maioria absoluta, e muitos dos Grandes Vinhos, são misturas de vinhos. A *assemblage* é a arte de misturar ou combinar vinhos para obter resultados maravilhosos, especialidade de grande parte dos vinhos franceses de respeito.

Os licores são sempre misturas. Os coquetéis também. O que pode causar estragos é o excesso de álcool, via intoxicação alcoólica, ou uma individual incompatibilidade alérgica, por parte de alguém, em relação aos componentes de uma bebida ou alimento.

Os países que vivenciam a vinicultura há muitas gerações tradicionalmente utilizam misturas de vinhos e outras bebidas em seus rituais gastronômicos. Na França, quando fui entronizado na Confraria de Bontemps, em Bordeaux, no Château Lynch-Bages, em uma das tardes de gala da Fête de Fleur, acho que vale a pena relembrar: Ao chegarmos no castelo, fomos recepcionados em toldos no pátio, ao ar livre, com Champagne *brut, non millésimé*. Depois, durante a refeição, sucederam-se 6 vinhos inesquecíveis: com o salmão e os crustáceos, um Château de Fieuzal 1987 e um Larrivet Haut-Brion; com o Pigeonneau a la Royal, um Château Les Ormes de Pez 1982 e um Château Margaux 1978; com os queijos, um Château Lynch-Bages 1966 e ao final um Porto Quinta do Noval Vintage 1966.

Mas não ficou só aí. À sobremesa, Champagne Paul Roger *brut*. Grandes Vinhos de mesa (no sentido brasileiro), Champagne e fortificados, num total de oito, conviveram agradavelmente, sem nenhum efeito danoso. Pelo contrário. E a chave disso foram as quantidades. Tudo em quantidades limitadas.

Mas a mistura não foi, como pode parecer, caótica. Há algumas regras a seguir na sucessão de vinhos e destilados de vinho, para que o prazer seja curtido ao máximo e a apreciação não seja prejudicada. São razões lógicas e de bom senso. Vejamos quais são essas regras:

— vinhos antes de destilados;
— vinhos de menor teor alcoólico antes dos de maior teor;
— vinhos de mesa antes dos vinhos fortificados e licorosos;

— vinhos secos antes dos *demi-sec,* suaves ou doces;
— vinhos brancos antes dos rosados e tintos;
— vinhos rosados antes dos tintos;
— vinhos leves antes dos encorpados;
— vinhos jovens antes dos maduros;
— vinhos maduros antes dos envelhecidos;
— vinhos menos adstringentes antes dos mais adstringentes;
— vinhos de safras recentes antes dos de safra mais antiga;
— vinhos mais ácidos antes dos menos ácidos;
— vinhos menores antes dos Grandes Vinhos.

Seguidas essas regras, que, como todas, não são absolutas e toleram exceções, podemos oferecer aos nossos convidados toda a potencialidade de apreciação progressiva e gradual, de vinhos e destilados.

É claro que, mudança de tipo de bebida ou de tipo de vinho pode haver aparentes infringências a essas regras. Vejamos alguns exemplos: um Champagne no aperitivo pode ser mais nobre ou mais antigo que um vinho branco servido com a entrada; um rosê que acompanha um prato ou um *entremets* pode ser mais jovem do que o branco que o antecedeu, e um tinto, na sucessão, também ser mais jovem do que o branco anterior. Mas entre os tipos de vinhos e destilados, deve-se manter a ordem de sucessão adequada.

No caso do Lynch-Bages que contei, o Champagne servido como aperitivo era um jovem sem safra declarada. Ao final, foi servido um de safra extraordinária e antiga.

E por falar em Champagne, embora sendo um vinho geralmente branco, é praxe que possa vir antes ou depois dos vinhos tintos e até de destilados. O Champagne tem *indulgência plenária* em matéria de etiqueta. Isso tenho verificado em toda a França. Talvez por causa do gás.

As razões básicas que motivam as regras de sucessão são as seguintes:

- os vinhos tintos têm adstringência e ela é cumulativa; por isso os vinhos sem adstringência (brancos) ou tintos com pouca adstringência devem vir antes, a fim de não *fechar* o paladar e a boca para os que vierem depois;

— o açúcar mascara o gosto e destrói o apetite, devendo os vinhos doces virem sempre após, ou ao final da refeição, para não causarem estragos;

Apesar da tecnologia e da informática, que caracterizam nossa era, o gosto continua sendo – e sempre será – subjetivo.

— um vinho mais importante ou de melhor safra, antes de um menos importante, safra ou antiguidade, constituiria um anticlímax na sucessão, e o que viesse depois pareceria ainda menor;

— a sensibilidade para os sabores ácidos vai diminuindo na medida em que se desenvolve a refeição, enquanto a sensibilidade aos taninos (adstringência) diminui progressivamente (segundo Max Léglise);

— o alto teor alcoólico (destilados e fortificados) interfere na percepção plena da sensibilidade, embotando-a, e portanto estas bebidas não devem ser precursoras e sim terminais;

— os vinhos mais leves, jovens, modestos, cumprem, no rito da sucessão, o papel de *afinarem o gosto* para os que os sucedem. Um vinho nunca deve ser menor que o que o precedeu.

Numa refeição ou fora dela, quando se pretende uma sucessão de vinhos, em sua forma mais simples, inicia-se com os brancos, segue-se com os rosados e tintos e conclui-se com os doces, licorosos. E, no *after dinner*, os fortificados e destilados.

Ou se formos ficar em apenas um tipo de vinhos, por exemplo brancos ou tintos de mesa, primeiro os mais leves, jovens, frutados, e menores; depois os mais maduros, envelhecidos, adstringentes (se for o caso) e maiores.

E também pode não haver sucessão de tipos diferentes de vinhos ou de bebidas, mas uma simples sucessão de garrafas de um mesmo vinho. Um branco, um tinto, um rosado. Ou um espumante, um Champagne ou champanha. Neste caso, se for um tipo só de espumante, deverá ser sempre seco, *brut.*

Fique bem claro que todo este contexto envolve também aspectos culturais. Alguns alemães, por exemplo, às vezes misturam doce com salgado e invertem a ordem dos seus tintos, que na realidade são rosados.

Na excelente obra do Dr. Theo Becker, que trata da cultura do vinho na Alemanha, cuja tradução para o inglês me foi dada ler, sob o título *In the Vine is Life,* o autor deixa muito claro que os brancos devem vir antes dos tintos e que os doces devem ser reservados para a sobremesa, ou para qualquer hora fora da refeição, pois a Alemanha também possui excelentes vinhos *troken* (secos), para acompanharem a refeição.

16. De modo adequado

A etiqueta pressupõe que os anfitriões executem todas as técnicas de serviço corretamente, para que o bem receber seja plenamente satisfatório. O serviço bem executado é, portanto, um requisito do saber receber.

Aproveitamos para dar algumas dicas práticas do momento e do como servir os convidados.

É chegada a hora. Você já se preparou adequadamente. Está tudo nos conformes. Mas existem variações, conforme as situações. Podemos ter ao menos meia dúzia de contextos diferentes: a) para aperitivar; b) uma refeição mais formal; c) uma refeição menos formal; d) fora da mesa, recebendo amigos; e) *after dinner;* f) um brinde ou vinho de honra, também fora da mesa. As refeições também podem comportar brindes, em casos especiais. E ainda há os momentos românticos.

Você já conhece os tipos de bebidas adequadas a cada uma dessas situações, sua preparação, a temperatura certa para cada tipo e as quantidades a servir. Falta apenas o **como** servir. Vejamos algumas normas práticas de cortesia e elegância.

• O aperitivo é sempre feito fora da mesa, em local confortável, como uma sala de estar, que pode até ser o bar.

• Em caso de maior formalidade, o anfitrião, um empregado uniformizado ou garçom serve os convidados. Utiliza os copos numa bandeja e segura a garrafa na mão direita. Como já vimos.

• Em caso de menor formalidade, os copos e a garrafa são deixados em uma bandeja junto com o vinho ou destilado. O anfitrião vai servindo um a um os convidados, ou eles mesmos se servem. Não esquecer o guardanapo e os petiscos.

• Vinhos e destilados servem-se mantendo a garrafa a 2 ou 3 centímetros de distância da borda do copo. Nunca encoste o bico da garrafa no copo. Além de indelicado, pode trincar o vidro e fazer um ruído desagradável.

• Após derramar a quantidade desejada, de acordo com as orientações anteriores, gire a garrafa para a direita ao mesmo tempo que eleva o seu bico, numa torção. Isso faz com que algumas gotas que iriam se desprender, e pingar aleatoriamente, se fixem no pescoço da garrafa, não causando acidentes indesejáveis.

• Após a torção, leve o guardanapo até o lado inferior do pescoço da garrafa, enxugando essas gotas antes que terminem por se desprender. Quando um serviçal ou garçom faz o serviço e segura na mão esquerda a bandeja com os copos, não pode ter este cuidado. Mas os profissionais geralmente conseguem evitar os respingos. Não é a situação ideal, mas é inevitável.

Quando o serviço for feito à mesa em ocasiões mais formais, o garçom ou serviçal terá apenas a garrafa na mão direita e, na esquerda, o guardanapo, enxugando o gargalo após cada copo servido.

• Quando for servido um espumante à mesa (Champagne, champanha, Asti), serve-se uma pequena porção no copo e aguarda-se que o copo esfrie, para a espuma não subir muito e rapidamente. Depois de alguns segundos, completa-se a dose recomendada.

• Quando o espumante for servido fora da mesa, vale o mesmo princípio de pequena quantidade inicial. A seguir, segura-se o copo pela haste e imprime-se um movimento circular na parte superior do copo, de maneira a que o líquido entre o mais possível em contato com o copo, esfriando-o. Só depois completa-se a dose recomendada e entrega-se o copo ao convidado.

• Enquanto as comidas são servidas pelo lado esquerdo das pessoas, e por trás, as bebidas o são pela direita e por trás. Por essa razão, os copos estão sempre arranjados à direita do prato ou apoio, à frente dos talheres.

• Quando se serve vinho em uma mesa, sempre antes é servido água, que deve ser sempre sem gás, pois o gás carbônico interfere fortemente na percepção das bebidas, mudando seu paladar e sensações.

• No *mise-en-place* da mesa, portanto, na sua arrumação, deve ser colocado, invariavelmente, um copo para água, o maior de todos, e tantos copos quantas forem as bebidas a serem servidas durante a refeição.

• Os copos são ordenados da seguinte forma: mais à esquerda do conjunto de copos, o da água, seguido dos copos dos vinhos na sucessão *inversa* do uso durante a refeição. Vistos de fora para dentro, os copos são alinhados pela ordem de uso como os talheres, à exceção do copo de água, que é usados antes entre as bebidas, e ao final, sempre que o convidado ache necessário.

• No caso de 3, ou ainda 4 ou 5 copos, para não fazer uma fileira muito extensa de copos, eles podem ser arranjados em forma de triângulo, quadrado ou formando um conjunto, sempre seguindo-se o princípio de os copos a serem usados antes estarem acessíveis de fora para dentro.

• Não esquecer que os copos fazem parte da decoração e da ornamentação da mesa. Por isso, numa refeição mais solene, podem ser de igual *design* básico, o que configura uma fineza extraordinária. Na prática, isso é difícil, e se agrupam copos de diferentes *designs,* que também são decorativos.

• Ao contrário do que afirmam alguns teóricos, que flores naturais não devem ornamentar a mesa, porque seu aroma interfere na percepção dos alimentos e bebidas, creio que só compõem ainda mais a bel za da mesa. Seu perfume se mistura agradavelmente ao das comidas e bebidas. Tenho participado de noites de gala em castelos franceses de Bordeaux em que os centros das mesas circulares são ocupados por minirrosas.

• Servem-se sempre primeiro as damas. Depois os cavalheiros, e por último quem convidou e fez a prova do vinho.

• O serviço das bebidas é sempre feito, numa mesa normal, no sentido horário, da esquerda para a direita, primeiro sendo servidas as damas. Uma exceção: por tradição, o Porto é servido ao contrário, no sentido anti-horário.

• O número máximo de convivas, para um serviço familiar excelente, é o de 8 pessoas. Os franceses dizem que este número fica "entre o das Graças e o das Musas", e é possível dispensar atenção suficiente a todos os convivas. Em banquetes, o ideal seria distribuir os convidados em mesas de oito lugares, de preferência circulares.

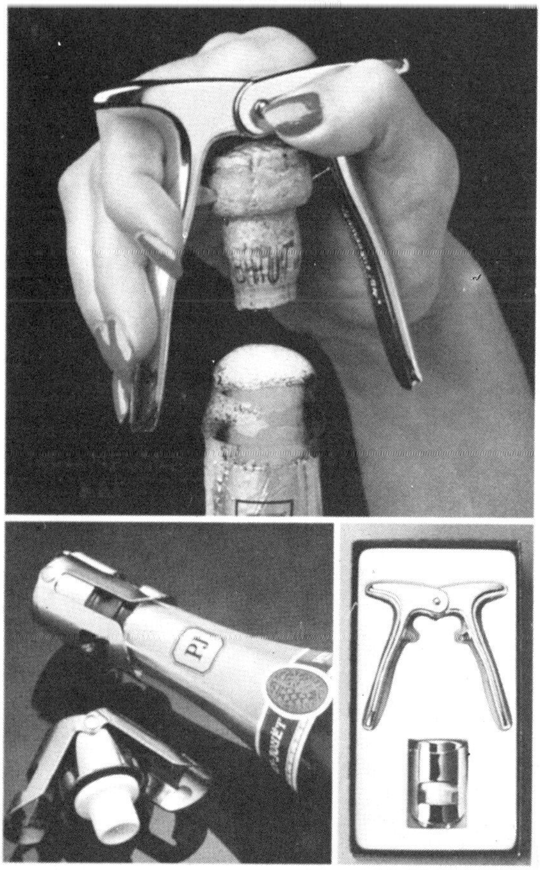

Acima, um abridor próprio para champanha e espumantes, tipo alicate, que aparece também abaixo, à direita. Abaixo, à esquerda, o tampão para espumantes abertos, que funciona por pressão e é capaz de manter o gás por diversos dias.

• Quando não for possível servir pela direita, devido à posição da mesa (encostada numa parede, por exemplo), o serviçal ou garçom pedirá licença ou desculpas, por servir pela esquerda, pois quando isso acontece, atravessa à frente do convidado, devido à posição dos copos, à direita.

• A reposição dos copos é feita sempre que os convidados ainda estiverem apreciando uma boa porção do prato servido, e o copo quase vazio. Nunca depois que o prato estiver vazio, pois aí virá a próxima bebida com o novo prato. A não ser que o convidado solicite.

• Quando o anfitrião possui dotes que o habilitem a viver o ritual de decantação, de um velho tinto, ou de um Porto à sobremesa, por exemplo, é costume entregar o *decanter* (garrafa de cristal) à pessoa a seu lado, para que sirva e vá passando adiante. Neste caso, para não ir e voltar a garrafa, o preceito *ladies first* fica prejudicado. Se for vinho, pela esquerda. Porto, pela direita.

• Os *after dinner* ou digestivos são servidos fora da mesa, para mudar de ambiente e possibilitar o fumo simultâneo, pois as pessoas capazes de se controlar nunca fumam durante uma refeição. O fumo tem um cheiro que prejudica a percepção dos aromas das comidas e bebidas.

• **Não se fuma até que todos tenham terminado a refeição.** Fumar à mesa é um ato de completa descortesia para com os demais. É a própria antietiqueta.

• Um brinde elegante em ambiente mais formal não inclui o tilintar das taças. Basta apenas levantar o copo acenando com a cabeça. Em situações de menos formalidade admite-se o tilintar, ainda que muitos copos padeçam com isso, e resultem lascados nos bordos ou trincados, tornando-se inúteis para o serviço.

• Podemos realizar o que se chama de serviço prévio dos copos, desde que o ambiente não se encontre quente. Trata-se do seguinte: os copos são todos pré-servidos, antes mesmo de os convidados sentarem à mesa, ou ao início da refeição, com os vinhos correspondendo, inclusive, em quantidade, ao tamanho dos pratos. Na Borgonha, em um prestigioso Château, participei de um jantar formal, em minha homenagem, em que sete vinhos e destilados foram pré-servidos. E o jantar transcorreu excelente.

• Nunca se servem dois vinhos diferentes, ou bebidas diferentes, num mesmo copo, já usado. Quando se troca de bebida ou de vinho, oferece-se novo copo, limpo e seco, para não contaminar a bebida que se está servindo com o gosto e o aroma do anterior.

No caso de duas garrafas de um mesmo vinho, mesma safra e até mesma caixa, na reposição trocam-se igualmente os copos, pois cada garrafa de vinho é potencialmente diferente de outra. Tem uma *vida* diferente.

Quando se começa a servir nova garrafa, mesmo nas condições do item anterior, é novamente feita a prova do vinho pelo anfitrião. Cada garrafa é uma incógnita. Uma grata incógnita, espera-se.

• Quando se servem coquetéis no aperitivo, e eles são *short-drinks,* como o copo é pequeno, e não se usa gelo no copo de *short-drink,* eles devem ser previamente gelados, para não esquentarem a bebida. Para tal fim, usa-se levá-los ao frízer com antecedência, ou colocar gelo picado dentro e deixar alguns minutos, esvaziando-os na hora de colocar o coquetel.

Todos os livros de etiqueta tratam, invariavelmente, da forma correta de segurar os copos de vinhos e bebidas. Trata-se de um aspecto relativo a um dos fatores da etiqueta, a elegância, muito mais que de razões técnicas. As pessoas lêem e sabem como é sugerido e como deveria ser, mas fazem o contrário. Vamos dar uma olhada nisso.

Como segurar os copos?

• Estabeleceu-se um desmesurado preciosismo sobre como e onde segurar o copo de vinho. Os livros de etiqueta repetem instruções. Os cursos de degustação, inclusive os por mim ministrados, disseminam a forma correta de segurar o copo para a degustação. Os amigos do vinho também, entre seus conhecidos, têm uma forma com que estão familiarizados, e assim por diante.

Devemos diferenciar três tipos diferentes de situações que acontecem quando ingerimos vinhos: podemos degustar, apreciar ou simplesmente beber. Acho que na compreensão desses fatos está a raiz da confusão.

Degustar é realizar um exame ou uma análise organoléptica. Com os órgãos dos sentidos. O enólogo faz uma degustação técnica. O consumidor, uma hedônica, quando ele quer realizar um exame ou análise organoléptica, ainda que do ponto de vista hedônico. A gente degusta quando tem oportunidade, interesse, concentração, fazendo um esforço, e despendendo um tempo para isso.

Na vida normal e na social, não vivemos fazendo degustações, como muitos gostam de dizer. Recebendo amigos? Talvez, se eles também forem apreciadores. Mas a degustação é um hábito solitário. Reunidos à mesa para uma refeição? Isso é quase impossível. Em festas, muito menos.

A degustação é anti-social, pois ninguém pode dar atenção aos outros, nem conversar, se quiser degustar. A concentração tem de

Diferentes formas de segurar o copo podem ser utilizadas, quando se trata de degustar, apreciar ou simplesmente beber vinho. O importante é que a gente se sinta co ,ortável. O aquecimento do vinho pelos dedos é desprezível. Muito menor do que pelo próprio copo e pelo ar do ambiente.

ser grande. Por isso, na prova do vinho, ninguém fala com quem prova e, por alguns instantes, o chefe da mesa ou anfitrião se isola do mundo, e se recolhe a sua análise sensorial.

No convívio social, o mais das vezes, apreciamos ou bebemos vinho. **Apreciação,** para mim, é um saborear acurado, procurando sentir prazer, o maior possível. Sem preocupações analíticas. Sem fazer um exame organoléptico, uma análise sensorial. Apreciar, com certo conhecimento, é muito melhor, claro.

A apreciação também requer oportunidade, interesse, certa concentração, um relativo tempo e, ao contrário da degustação, **nenhum esforço.** É a percepção natural. A chamada *curtição.* Não é uma análise, mas sim um desfrutar de gozo, de puro prazer. Mas com cuidado, vagar, interesse. É aproveitar o que é bom. E, naturalmente, é mui-

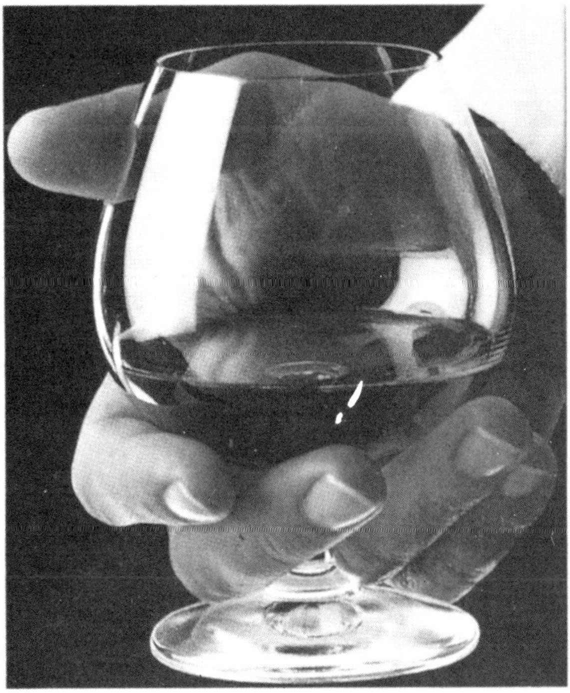

A ilustração mostra um copo de Brandy ou Cognac sendo naturalmente seguro pelo apreciador. Se quiser esquentar o líquido, envolver o copo com a mão.

to melhor alcançada e consciente quando, antes, fizemos uma degustação, um exame geral, ainda que breve.

Não podemos deixar nossos convidados às moscas e partir para a degustação. Nem eles se mostram educados, sem sequer ouvir e participar de nossa conversa, porque resolveram degustar. A apreciação é bem mais social e tolerante. Com fineza, tanto gastronômica quanto social.

Já **beber** a gente faz com a água, embora muitos o façam também com o vinho, Beber é colocar na boca e engolir, simplesmente, sem prestar muita atenção. Quem presta atenção na água que bebe? Mas não diga "desta água não beberei"! Se você estiver conversando entusiasticamente sobre um tema qualquer, dificilmente estará apreciando o vinho que está tomando, muito menos degustando. Você estará, rigorosamente, bebendo-o!

Nas diversas situações do convívio social e na arte de bem receber, há momentos em que degustamos, em que apreciamos, e momentos em que simplesmente bebemos. Nada contra. *O vinho é bom até para ser bebido.* A não ser que seja uma Grande Vinho, um vinho excepcional. Aí o melhor é deixar tudo de lado e passar a apreciar. Ou melhor, quem sabe até a degustar?

Comecei explicando as diferenças entre esses termos porque considero que se segura o copo conforme se esteja degustando, apreciando ou bebendo. De forma diferente. Ou da mesma forma, de acordo com a nossa prática ou cacoetes.

Para degustar é vital que se segure o copo pela haste ou pelo pé. Nunca pelo corpo. Caso contrário, será impossível fazer uma boa observação e aspiração do vinho a ser degustado. Ao degustar um vinho, portanto, segure **sempre** pela haste ou pela base, pelo pé.

Mas, e para apreciar? Quando **não** vamos fazer um exame analítico, organoléptico? Apenas curtir, apenas aproveitar o melhor possível as qualidades do vinho que temos no copo? Já não é essencial que você segure o copo pela haste ou pé. É essencial, isto sim, que você segure o copo da forma que lhe seja mais fácil, confortável.

E segurar o copo pela haste ou base NÃO é o mais confortável. Mais confortável é segurar o copo pela parte inferior do copo, do bojo. Com naturalidade, sem fazer esforço. Isso é tanto mais verdade quanto mais longa é a haste do copo.

E há uma razão pela qual é mais fácil equilibrar o copo na parte inferior: trata-se do ponto ou centro natural do equilíbrio. O copo com vinho fica mais pesado na sua parte superior. Segurar na parte inferior (haste e pé) é indiscutivelmente um ato de equilibrismo!

É muito mais fácil segurar ao redor do ponto ou centro de equilíbrio do copo, a meia distância entre a boca e o pé. Fundamentalmente usando o indicador e o polegar, auxiliando com os outros dedos.

Sabe como é que se descobre o melhor jeito de pegar o copo para apreciar? É só esquecer do vinho, e ficar curtindo a festa numa boa, sem se preocupar com ele. Logo vamos estar segurando na posição mais confortável...

E para beber? A mesma coisa. Apenas para degustar devemos prestar atenção e fazer um esforço. Equilibrando-o, se necessário.

Mas o leitor pode estar pensando — e a temperatura do vinho? Não vai esquentar (como dizem todos) com o calor dos dedos? Esta é uma das maiores estórias que se ouve por aí.

Na ordem das coisas, vidro, ar, os dedos, indiretamente, através do vidro, constituem o menor dos fatores que realmente contribuem para aumentar a temperatura do vinho.

Você já experimentou aquecer com a mão um copo de Cognac ou Brandy? Com a mão toda, em concha, apertando o copo? E tem que esperar um bom tempo... Imagine, então, só a extremidade do polegar e do indicador? Quantos dias levaria para esquentar o Cognac?

Nos restaurantes

"El vino en el restaurante, un desastre." Poderia ter dito no Brasil, mas não foi. Trata-se de um artigo publicado na revista *Sommelier,* Revista Profissional Europea de Vinos y Licores, em 1989.

Pois também é um desastre no Brasil. Apesar dos esforços desenvolvidos por Danio Braga, Aristides de Oliveira Pacheco e mesmo por mim, ministrando cursos para *maitres* e garçons em todo o país. Em outro livro, tratarei especialmente do serviço de vinhos em restaurantes. Aqui nos convém comentar apenas o que se refere à cortesia e aos ritos que devam ser exigidos, pelos clientes, quando forem atendidos nos restaurantes.

Em primeiro lugar, cuidado com as relações ou cartas de vinhos. A maior parte mal elaboradas, elas fornecem, quase sempre, informações incompletas ou deformadas. Recomendação: peça para ver a garrafa ou as garrafas antes de decidir. E leia o rótulo; verifique você mesmo.

Segundo: cuidado com as *recomendações* dos profissionais da sala. Muitas vezes atendem a interesses comerciais e ao quanto a vinícola "paga pela rolha". Aceite somente recomendação de profissionais responsáveis, treinados e habilitados.

Terceiro: faça as escolhas dos vinhos e bebidas que combinam com os alimentos ou com a ocasião, de acordo com suas convicções. Geralmente alguns maus profissionais estão mais para *empurrar* um vinho do que para fazer uma harmonização ideal. Até porque desconhecem.

Quarto: exija o serviço que você sabe ser o melhor. A temperatura que desejar, a abertura da garrafa feita corretamente, a cápsula cortada no lugar certo, a limpeza.

Quinto: exija a apresentação da rolha antes de provar o vinho ou de o garçom colocá-la no bolso ou deixá-la no baldinho.

Sexto: exija que as quantidades servidas nos copos sejam adequadas. Não deixe o garçom encher demais seus copos. Como alguns deles adoram fazer.

Sétimo: não deixe que sua indignação estrague seu prazer. Tenha calma, compreensão e complacência. Um restaurante é um lugar para fazer as pessoas felizes.

Oitavo: mesmo assim, não deixe de reclamar, sóbria e cortesmente. Mas reclame quando for preciso, reclame sempre. Exija seus direitos de consumidor esclarecido. Só assim o serviço nos restaurantes irá melhorar.

"Quando as pessoas param de reclamar, param de pensar"
(Napoleão Bonaparte).

À GUISA DE CONCLUSÃO

"A coisa mais importante do mundo não é onde nos encontramos, mas sim em que direção caminhamos."

Goethe

O leitor mais persistente terá chegado ao fim desta leitura. Procurei, ao longo de todo o texto, manter-me fiel ao meu estilo e à minha posição. Com toda a franqueza, de *peito aberto*, como é do meu feitio. Defendendo com entusiasmo e convicção minhas idéias, atacando ferozmente os tabus, a ignorância e a superstição. Sem censura, pois a autocensura, como disse Carlos Lacerda, é a pior de todas as censuras.

Muitas vezes, na ansiedade de demonstrar minha convicção, terei sido por demais enfático e rigoroso. Conto com a benignidade do leitor, para perdoar-me pelo exagero, cacoete herdado da minha função de professor.

Mas há ainda muito a descobrir. Certamente terei cometido enganos e formulado falsas hipóteses durante o meu argumentar. Mas este texto foi apenas um começo. Só a realidade e a vivência de cada um pode preencher a necessidade de saber. E de acertar.

Também espero ter deixado bem claro que o ritual do vinho tem sentido na medida em que exerce seu carisma positivo, conferindo segurança, prazer, facilitando o consumo, comunicando e integrando, sendo inútil e nocivo quando dá abrigo ao temor, ao medo e à insegurança das pessoas, inibindo o consumo, diferenciando o i estratificando o mercado, segregando os "não iniciados" como uma pressuposta *casta* subalterna, e afastando muitas pessoas do consumo corrente.

Se é verdade que o ritual é um diferencial apropriado ao vinho, em relação à maior parte das bebidas, não é menos verdade que o vinho é, essencialmente, um elemento nobre da gastronomia. E sua finalidade é, tão-somente, proporcionar prazer aos homens.

Trata-se de uma bebida real, que tem aspecto, cor, cheiro e sabor. E que se bebe porque se gosta, e não para satisfazer necessidades psicossociais ou culturais. Ou para adquirir uma configuração de *status* na pirâmide social. As características intrínsecas do vinho, e sua percepção, constituem a essência do ato hedônico do beber.

O ritual do vinho é hedônico e não enológico. Portanto deve buscar suas raízes, símbolos e ritos próprios, no prazer das pessoas em consumi-lo, na gastronomia, na biologia e na fisiologia do gosto.

É fundamental, também, velar para que as verdades sensitivas que cada um tem sejam exercidas com autonomia, apropriando seus gostos e preferências pessoais na forma de se relacionar com o produto. Ou de pôr em ação o seu próprio ritual no estudo da arte da gastronomia.

Com toda essa multiplicidade de culturas e diferenças de opinião, que demonstram a relatividade de tudo, como fazer para acertar? Qual o caminho da sabedoria?

Valho-me de Piet Hein para propor:

"O caminho da sabedoria?
É simples:
Errar.
E errar.
E errar novamente.
Mas menos.
E menos.
E menos."

O autor

BIBLIOGRAFIA UTILIZADA

AMARANTE, José Osvaldo Albano do. *Vinhos do Brasil e do Mundo*. São Paulo, Summus, 1983.

———. "Sushi e Champanhe". In *Revista do Vinho*. Bento Gonçalves, 1990, ano 4, nº 21.

ANDRIEU, Pierre & Outros. *El Gran Libro del Vino*. Barcelona, Editorial Blume, 1981.

BECKER, Dr. Theo. *In the Vine is Life*. Landau/Pfalz, Pfalzische Verlagsantalt, 1970.

BERNESTEIN, Leonard S. *The Official Guide to Wine Snobbery*. New York, Quill, 1982.

BESSA, Paulo Martinho. "O vinho e a Bíblia". In *Revista do Vinho*. Bento Gonçalves, 1991, ano 5, nº 25.

BRAGA, Danio & ALZER, Celio França. *Tradição, Conhecimento e Prática dos Vinhos*. Rio de Janeiro, ABS, 1989.

BONE, Arthur. *Cómo Elegir los Vinos y Saborearlos*. Barcelona, Editorial Blume, 1981.

BROWN, Michael & Sybil. *Food & Wine of France*. New York, Exeter, 1980.

BUSTOS, Luis. "Formas de degustar um brandy". In *Revista do Vinho*. Bento Gonçalves, 1992, ano 5, nº 30.

———. "Brandy. Cognac. Conhaque". In *Revista do Vinho*. Bento Gonçalves, 1988, ano 1, nº 6.

———. "Olé! Este é o Jerez, o mais antigo e famoso vinho espanhol". In *Revista do Vinho*. Bento Gonçalves, 1991, ano 5, nº 26.

CALDERARO, Martha. *Etiquetas e Boas Maneiras*. Rio de Janeiro, Nova Fronteira, 1983.

CARVALHO, Marcelino de. *Guia de Boas Maneiras*. São Paulo, 14ª edição, Editora Nacional, 1980.

———. *A Arte de Beber (Assim Falava Baco)*. São Paulo, Editora Nacional, 1967.

———. *A Nobre Arte de Comer*. São Paulo, Editora Nacional, 1966.

———. "Se eles soubessem". In *Revista dos Tribunais*, São Paulo, 1932.

———. *Snobérrimo*. São Paulo, Editora Nacional, 1966.

CERE O, Eduardo Serrano. *Prácticas de Servicio*. San Sebastian, edit. Donostiàrra, s/d.

CLARKE, Oz. *The Essential Wine Book*. New York, Viking, 1985.

COOPER, Rosalind. *The Wine Book. A Guide to Choosing and Enjoying Wine*. London, London Edit., 1981.

———. *Wine with Food*. London, Treasure Press, 1986.

COORNEL UNIVERSITY. *The Essentials of Good Tabel Service*. Ithaca, School of Hotel Administration, 1975.

CORTE REAL, Mauro. *A Arte de Beber Vinhos*. Porto Alegre, Sulina, 1984.

———. *Os Bons Vinhos do Sul*. Porto Alegre, Sulina, 1981.

———. *Sua Excelência o Champanha*. Porto Alegre, Sulina, 1981.

———. "Tendências na harmonização dos vinhos com outros alimentos". In *Revista do Vinho*. Bento Gonçalves, 1990, ano 3, nº 16.

———. "O triângulo da sensibilidade". In *Revista do Vinho*. Bento Gonçalves, 1987, ano 1, nº 2.

———. "Novas tendências na apreciação dos vinhos". In *Revista do Vinho*. Bento Gonçalves, 1989, ano 3, nº 15.
———. *Iniciação ao Vinho para Sommeliers*. Porto Alegre, SENAC, 1992 (apostila)
———. "Harmonização de vinhos e alimentos". In *Círculo de Conhecedores*, São Paulo, 1992, nº 8.
———. & LINARDI, Valter Roberto. *Iniciação ao Vinho*. Belo Horizonte, UFMG, 1991 (apostila).
CULINARY ARTS INSTITUTE. *Wine in Cooking and Dining*. Chicago, 1976.
DE ROSA, Tulio. *Tecnologia dei Vini Liquorosi e da Dessert*. Brescia, AEB, 1987.
DIAZ-JIMÓNEZ, José Juan De Blas. *El Vino y la Mesa*. Edit. Continental, México, 1980.
DOMINGO, Xavier. *El Vino Trago a Trago*. Penthalon, Madrid, 1981.
DRIES, Von Obestudienrat Friedel. *Getranke-und Servierkunde*. Gieben, Fachkunde fur Kellner und Hotelgehilfinnen, s/d.
EDITIONS MONTALBA. *Le Livre d'Or de ma Cave*. 1979.
EDITORIALE DOMUS. *Il Vino in Casa. Consigli, nozioni e curiosità per apprezzare e bere il buon vino*. Milano, 1981.
EDITORIAL EVEREST. *Vinos y Licores*. Leon, 1974.
ENSRUD, Barbara. *The Pocket Guide to Wine*. Perigee, New York, 1980.
EXCETER BOOKS. *Wine and Diner*. New York, 1986.
FADIMAN, Clifton & AARON, Sam. *The Joys of Wine*. Abrams, New York, 1975.
———. *Wine Buyers Guide*. New York, Abrams, 1977.
FÉDÉRATION SUISSE DES CAFETIERS, RESTAURATEURS ET HÁTELIERS. *L'art de bien servir. Manuel pour le service dans l'hôtellerie et la restauration*. Zurich, 1975.
FOULKLES, Chirs. *The Introduction to Wine*. New York, Galleri, 1986.
FRANCO, Ariovaldo. *Gastronomia. Uma Breve História Ilustrada*. Rio de Janeiro, 1986.
FREITAS, Maria Iris Teixeira de. *O Ritual*. Belo Horizonte, SENAC, 1992 (apostila).
GALVÃO, Saul. *Tintos e Brancos*. São Paulo. Editora Ática. 1992.
GEAY, Louis. *Guide de Vins et de leurs à-côtés*. La Courtille, 1978.
GROFF, Luiz. *O Espírito do Vinho*. Curitiba, 1989.
GROSSMAN, Harold J. *Grossman's Guide to Wines, Beers, and Spirits*. New York, Scribner's, 1977.
HOLLAND, Tim & BONE, Arthur. *French Wines*. London, Macdonald, 1978.
IMBIANO, Luciano. *Il Libro Pratico del Vino*. Milano, Giovanni de Vecchi, 1979.
JOHNSON, Hugh. *Wine*. Barcelona, Folio, 1984.
———. *How to Enjoy Your Wine*. Paris, Flammarion, 1985.
———. *O Vinho. Atlas Mundial de Vinhos e Aguardentes*. São Paulo, Siciliano, 1988.
KRELL, Olga. *Etiqueta à Mesa. Guia Completo da Arte de Receber Bem*. São Paulo, Edições Claudia, 1976.
———. *Arte de Receber Bem*. São Paulo, Edições Claudia, s/d.
LAROUSSE. *Toutes les Boissons et les Recettes au Vin*. Paris, 1968.
LEÃO, Célia Pereira de Souza. *Boas Maneiras de A a Z*. São Paulo, STS, 1992.
LEÃO, Danuza. *Na Sala com Danuza*. São Paulo, Siciliano, 1992.
LÉGLISE, Max. *Une Initiation à la Dégustation des Grands Vins*. Lausanne, Deboel, 1976.
LEITE JUNIOR, Manuel Mendes. *O Serviço de Mesa, Bar e Balcão*. Lisboa, Coleção Hotelaria, 1975.
LICHINE, Alexis. *Vins et Vignobles de France. Guide Pratique et Touristique*. Paris, Laffont, 1979.

LINS, Augusto Estellita. *Etiqueta, Protocolo & Cerimonial.* Brasília, Linha Gráfica, 1991.
LILICRAO, D.R. *Servicio de Alimentos y Bebidas.* México, Diana, 1980.
LOGOZ, Michel. *Wine Label Design.* New York, Rozzoli, 1984.
LONA, Adolfo Alberto. "Vinho — beber ou apreciar?". In *Revista do Vinho.* Bento Gonçalves, 1988, ano 1, nº 5.
———. "A arte de apreciar vinhos". In *Revista do Vinho.* Bento Gonçalves, 1987, ano 1, nº 3.
———. "Identificação do vinho pela embalagem". In *Revista do Vinho.* Bento Gonçalves, 1988, ano 1, nº 4.
MONACO, Francisco Brasil. "O vinho, de Noé a nossos dias". In *Revista do Vinho.* Bento Gonçalves, 1987.
NICKOL, Maria do Carmo. *Mil Regras Ilustradas de Boas Maneiras.* Rio de Janeiro, Ediouro, s/d.
NUCCI, Celso. *In Vino Veritas.* Rio de Janeiro, Salamandra, 1988.
ORTIZ, Raúl Muñoz. *El Arte de Servir en Hoteles y Restaurantes.* México, Diana, 1979.
PACHECO, Aristides de Oliveira. *Manual do Bar.* São Paulo, SENAC, 1988 (apostila).
_____. "A problemática dos vinhos nos restaurantes do Brasil". In *Revista do Vinho.* Bento Gonçalves, 1991, ano 5, nº 26.
PARENTI, Giovanni Righi. *Il Buon Vino.* Milano, Sugar, 1981.
PASQUIER, Noel. *Le Livre des Vins Bières et Spiritueux.* Québec, Entreprise, 1981.
PATERSON, John. *Choosing your Wine.* London, Hamlyn, 1981.
PEÑIN, José. "El Vino en el restaurante, un desatre". In *Sommelier,* Barcelona, 1989, ano 1, nº 1.
PENTEADO, J.R. Whitaker. *O Folclore do Vinho.* Lisboa, Centro do Livro Brasileiro, 1980.
PERCUSSI, Luciano. *Vinho, o Bom Companheiro.* São Paulo, Queiroz, 1992.
PEPPERCORN, David & Outros. *Pous les Vins — Un Guide Complet pour l'Acheteur et l'Amateur.* Paris, Septimus, 1980.
PÉTEL, Pierre. *Le Petit Sommelier — Guide Internacional des Accords des Vins et des Mets.* Montreal, Editions du Jour, 1979.
PEYNAUD, Émile. Le Goût du Vin. *Le Grand Livre de la Dégustation.* Paris, Dunod, 1980.
PIRES, Luciano D. *Beber é uma Festa.* Rio de Janeiro, Entrelivros, 1980.
PLESSIS, Louis. *Le Vin à la Maison,* Flammarion, 1979.
POUTEAU, Jean-Luc. *Le Savoir Boir.* Lattès, 1984.
PRICE, Paméla Vandyke. *Le Vrai Livre du Vin,* Paris, Princesse, 1981.
———. *Le Guide Familier des Vins de Champagne.* Paris, La Boétie, 1980.
PUISAIS, Jacques. *Le Gout Just des Vins et des Plats.* Flammarion, 1986.
RAINBIRD, George. *An Illustrated Guide to Wine.* London, Octopus, 1983.
RATTI, Renato. *Come Apprezzare I Vini.* Brescia, AEB, 1988.
RAY'S, Cyril. *Book of Wine.* New York, William Morrow, 1978.
RENVOISÉ, Guy. *Les Vins. Comment les Acheter, les Servir, les déguster.* Paris, Solar, 1980.
———. *Guide des Vins de France.* Paris, Solar, 1981.
RIBEIRO, Celia. *Etiqueta na Prática. Um Guia Moderno para as Boas Maneiras.* Porto Alegre, L&PM, 1991.
ROBINSON, Jancis. *How to Choose and Enjoy Wine.* London, Fanfare, 1985.
ROCA, Manuel Pedraza & GALLEGO, Jesús Felipe. *El Mundo de los Vinos y Bebidas Internacionales.* San Romualdo, 1975.
SANTOS, Sérgio de Paula. *Vinhos, a Mesa e o Copo.* Porto Alegre, L&PM, 1992.
———. *Os Ccaminhos de Baco.* São Paulo, Queiroz, 1984.

———. *O Vinho Nosso de Cada Dia.* São Paulo, Queiroz, 1990.
———. *Vinhos.* São Paulo, Queiroz, 1982.
SCHROEDER, Orlando Borges. *Iniciação ao Vinho.* Florianópolis, UFSC, 1985.
SCHUSTER, Michael. *Understanding Wine. A Guide to Winetasting and Wine Appreciation.* London, Beazley, 1989
SHAKESPEARE, William. *Macbeth.* Porto. Chardron, 1925.
SHARP, William & MARTIN, Joseph. *Wine. How to Develop your Taste and Get your Money's Worth.* New Jersey, Prentice-Hall, 1976.
SIEGEL, Simon & GALLAUN, Willibald. *Servier-und Getranke-Kunde.* Rudolf Trauner, 1975.
SOLAR DO VINHO DO PORTO. *Vinho do Porto. Como e Quando Servir.* São Paulo, s/d.
SOPEXA. *L'Art de Servir les Vins.* Paris, 1988.
———. *Vins et Spiritueux de France,* Tours, 1989.
———. *Vins de France,* Paris, s/d.
SPURRIER, Steven. *La Cave. Un Guide pour Créer et Entretenir votre Cave.* Paris, Bordas, 1986.
———. & DOVAZ, Michel. *La Dégustation.* Paris, Bordas, 1984.
SUED, Ibrahim. *Vida, Sexo, Etiqueta e Culinária.* Rio de Janeiro, Nova Fronteira, 1986.
SUTCLIFFE, Serena. *The Wine Hand Book.* New York, Fireside, 1982.
TEIXEIRA, Madalena. *A Arte de Receber Amigos e Visitas.* Rio de Janeiro, Ediouro, s/d.
TEMPORAL, Amaury. *De Vinhos e Rosas.* Rio de Janeiro, Civilização Brasileira, 1992.
TIME-LIFE. *Wines and Spirits.* Nederland, 1978.
TORRES, Miguel A. *Barcelona,* Editorial Blume,1978.
VAESKEN, Bruno. *Les Vins de la Vigne à la Table.* Montreal, Dargaud, 1979.
VIANNA, Luiz Guilherme. "O vinho e suas virtudes". In *Revista do Vinho.* Bento Gonçalves, 1990, ano 3, nº 18.
VIRGINIA, Barbara. *Poder Pode mas... Não Deve.* São Paulo, Vozes, 1986.
WAGENVOORD, James. *The Wine Book.* New York, Perigee, 1980.
WILKINSON, Jule. *Garstronomía Profesional: Almacenamiento y Bodega.* Buenos Aires, Medalist, 1975.
WOSCHECK, H.G. *Les Vins. Guide Mondial.* Netherlands, VBI, 1978.
ZORN, Vernério G. *Conescere I Vini.* Milano, Il Castello, 1969.
ZRALY, Kelvin & REINER, Hermann. *Wine and Food Book.* New York, Sterling, 1986.